Miloš Crnjanski

Lirika Itake · Ithaka

neue lyrik
band 25

Miloš Crnjanski

Ithaka

Aus dem Serbischen von Viktor Kalinke

nach Vorlagen von Stevan Tontić & Cornelia Marks

Cornelia Marks, Mala Vikaite, Marja Barkowski, Sabrina Lesage und Stevan Tontić haben mir über die Jahre Zugang zu Crnjanskis Gedichten im serbischen Original und in der französischen Übersetzung geschaffen - ihnen sei herzlich gedankt.

Bibliographische Notiz:
Die vorliegende Ausgabe folgt in den ersten drei Abschnitten weitgehend der Erstveröffentlichung im Jahre 1919, erweitert um die Gedichte *Pobedi, Robovima, Nikoli I., Kuga* und *Pesma*, die der 1994 von Gojko Tešić besorgten Neuausgabe entnommen wurden. Der Titel des Gedichtes *Rastanak kod Kalemegdana* lautet in der ursprünglichen Ausgabe nur *Rastanak* und der Titel von *Njegoš u Veneciji* nur *Njegoš*. Hinzugefügt wurde weiterhin der Abschnitt *Priviđenja*, der spätere Texte Crnjanskis enthält.

МИЛОШ ЦРЊАНСКИ

Лирика Итаке

С. Б. ЦВИЈАНОВИЋ
Београд.

VIDOVDANSKE PESME

SANKT-VEITS-LIEDER

Prolog

Ja videh Troju, i videh sve.
More, i obale gde lotos zre,
i vratih se, bled, i sam.
Na Itaki i ja bih da ubijam,
al kad se ne sme,
bar da zapevam
malo nove pesme.

U kući mi je pijanka, i blud,
a tužan je život na svetu, svud -
izuzev optimiste!
Ja nisam pevač prodanih prava,
ni laskalo otmenih krava.
Ja pevam tužnima:
da tuga od svega oslobođava.

Nisam patriotska tribina.
Nit marim za slavu Poetika.
Neću da preskočim Krležu, ni Ćurčina,
niti da budem narodna dika.
Sudbina mi je stara,
a stihovi malo novi.

Ali: ili nam život nešto novo nosi,
a duša nam znači jedan stepen više,
nebu, što visoko, zvezdano, miriše,
il nek i nas, i pesme, i Itaku, i sve,
đavo nosi.

Prolog

Troja sah ich und habe alles gesehen:
das Meer und die Küste, sah Lotosbäume stehen –
ich kehrte heim, blaß und allein.
Auf Ithaka war auch ich, um zu morden,
und sagte: Nein!
Stumm geworden
stimm ich in ein paar neue Lieder ein.

Zu Hause: Sauferei und Hurenball.
Allerwelts Leben: traurig ist's überall –
außer für Optimisten.
Ich bin kein Sänger käuflicher Rechte,
ich bin kein Schmeichler vornehmer Kühe.
Ich singe für die traurigen Knechte,
Trauer befreit von aller Mühe.

Ich bin kein patriotischer Held,
der Ruhm der Dichter kümmert mich nicht,
nicht über Krleža, nicht über Ćurčin bin ich gestellt,
und bin nicht der Heimat neues Licht.
Mein Schicksal, es ist längst bekannt:
nur ein paar meiner Verse werden neu genannt.

Dennoch: entweder vom Leben können wir Neues gewinnen
und unsere Seele steigt höher Stufe um Stufe,
damit uns, duftend, der gestirnte Himmel rufe,
oder wir, unsere Lieder, Ithaka und was wir so spinnen –
es ist für den Teufel, von Anbeginn.

Himna

Nemamo ničeg. Ni Boga ni gospodara.
Naš Bog je krv.

Zavejaše gore mećave snega,
Nestaše šume, brda i stene.
Ni majke, ni doma ne imadosmo,
selismo našu krv.

Nemamo ničeg.
Ni Boga ni gospodara.
Naš Bog je krv.

Rascvetaše se groblja i planine,
rasuše vetri zore po urvinama;
ni majke, ni doma, za nas nema,
ni stanka, ni dece.
Osta nam jedino krv.

Oj.
Ona je naš strašan ponos.

Hymne

Nichts haben wir, keinen Gott, keinen Herrn.
Unser Gott ist das Blut.

Schneestürme haben die Berge verhüllt,
Wälder, Gipfel, Felsen sind verschwunden.
Weder Mutter noch Haus haben wir,
wir hausen in unserem Blut.

Nichts haben wir.
Keinen Gott, keinen Herrn.
Unser Gott ist das Blut.

Friedhöfe erblühten und Berge,
Wind trieb die Morgenröte durch Schluchten;
weder Mutter noch Haus, nichts gibt es für uns,
keine Bleibe, keine Kinder.
Geblieben ist uns allein das Blut.

Oh.
Es ist unser schrecklicher Stolz.

Jadranu

Zaboravio si bijesne i grozne gusare?
I galije od Neretve, crne i krvave?
I pesme i mačeve naše duge i tmure?
I jedra i veselja, urličuća kroz bure?

Zaboravio si njine teške, mračne glave?
Haj, pogledaj, i sad, školjа kad se zažare
i tresnu o nas grmljavine tvojih talasa.

Čuj, kako se ori pesma naša tvrda glasa,
neklekla nikad, nesretna, al bijesno vesela,
sa krvave obale jednoga naroda cijela.

Da nije najlepše ljubav,
već za grumen Sunca ubijati i rano umirati.

Zagreb, 1918.

An die Adria

Hast du vergessen die rasenden, räubernden Piraten?
Die Neretva-Galeeren, dunkel und blutig?
Lang und lüstern, unsere Lieder und Lanzen?
Die Segel und Späße, mit denen wir uns vorm Sturm verschanzen?

Hast du vergessen, wie finster ihre Gesichter waren und mutig?
He, sieh doch, wie jetzt noch die Inseln in Brand geraten,
wie auf uns das Donnern deiner Wellen niederkracht.

Höre, wie fest das Lied uns die Stimme macht,
erniedrigt niemals, unglücklich, in rasender Freude,
tanzt an blutiger Küste eines Volkes ganze Meute.

Das Schönste ist nicht: die Liebe,
sondern für ein bißchen Sonne zu töten und früh zu sterben.

Zagreb, 1918.

Zdravica

Zdravo, svete, bledi ko zimski dan
u strahu.

Još je veseo narod jedan
u krvi, pepelu i prahu.

Vijaj oblake proletne, rumene,
pitaj ih za raj.
Ne treba nam žena kad cveta, ni kad vene.
Ne bacamo decu u zvezdan beskraj.

Za naša srca ništa nije dosta.
Za naša srca ništa ne osta.
Dok jedan od nas na zemlji diše:
da ni jedan vrt ne zamiriše.

Da živi groblje!
Jedino lepo, čisto i verno.
Da živi kamen i ruševine!
Prokleto što cveta u visine.

Mi smo za smrt!

Trinkspruch

Sei gegrüßt, Welt, blaß wie ein Wintertag,
ängstlich taub.

Solange dieses Volk sich labt
an Blut und Asche und Staub.

Versuch doch, die roten Frühlingswolken zu melken,
frag sie nach dem Paradies.
Frauen begehren wir nicht, wenn sie blühen, nicht
wenn sie welken.
wir stoßen Kinder nicht ins unendliche Sternenvlies.

Für unsere Herzen ist nichts genug.
Für unsere Herzen ist alles Betrug.
Solang noch einer von uns atmet dieser Erde Luft:
verströmt kein Garten seinen Duft.

Es lebe der Grabstein!
Er allein ist schön und treu und rein.
Es leben die Steine und die Ruinen!
Verflucht seien die Blumen auf ihnen.

Wir sind für den Tod!

Groteska

Zidajte hram
beo ko manastir.
Nek šeće u njemu Mesec sam
i plače noć i mir.

A na hram dižite crnu
sfingu naroda mog.
Nek se sve zvezde što jezde osvrnu
za osmeh čudovišta tog.

Zidajte hram
beo kao manastir.
Nek šeće u njemu Mesec sam
i plače noć i mir.

U hramu nad Milošem i Markom
uokvirite zlatom na oltaru žarkom
pečate plave i rumene,
žute i crne i šarene.
Pečate plave i rumene,
žute i crne i šarene,
ljubičaste i zelene.

Pečate ustava i prava,
zakona i štatuta,
privilegija hiljadu puta,
obećanja i fermana,
pohvala sa svih strana,
naroda mog
da vidi Bog.

Zidajte hram
beo ko manastir.
Nek šeće u njemu Mesec sam
i plače noć i mir.

Groteske

Einen Tempel erbaut
wie ein Kloster weiß.
Damit der Mond darin wohnt, zu dem ihr schaut,
Nacht und Stille weinen leis.

Und auf dem Tempeldach erhebt sich dunkel
die Sphinx – sie ist meines Volkes Tier.
Die Sterne kreisen, willkommen zu heißen mit Funkel
dies lächelnde Ungetüm hier.

Einen Tempel erbaut
wie ein Kloster weiß.
Damit der Mond darin wohnt, zu dem ihr schaut,
Nacht und Stille weinen leis.

Im Tempel liegen Miloš und Marko begraben,
vom Altar, golden glühend, blinkt erhaben
das Wappen: blauer, roter Grund
gelb und schwarz und bunt,
das Wappen: blauer, roter Grund
gelb und schwarz und bunt,
lila, grün – der Farben vielerlei.

Das Wappen der Verfassung und Rechtsprecherei,
der Gesetze und Statute,
der Privilegien, tausendfach, der Knute,
Versprechungen, Gefälligkeiten,
Lobpreisungen von allen Seiten,
mein Volk flott, flott
erblicke Gott.

Einen Tempel erbaut
wie ein Kloster weiß.
Damit der Mond darin wohnt, zu dem ihr schaut,
Nacht und Stille weinen leis.

Naša elegija

Ne boli nas.
Gračanice više nema,
šta bi nam takovska groblja?
Marko se gadi buđenja i zore,
grobovi ćute, ne zbore.
U nebo diže nas
prezriv osmeh roblja.

Nećemo ni pobedu ni sjaj.
Da nam ponude raj,
sve zvezde sa neba skinu.
Da nas zagrle koji nas more,
i njina zemlja sva izgore,
i kleknu pred nas u prašinu.
Da nam svi ruke ljube,
i kliču i krune meću,
i opet zatrube trube,
cveće i čast i sreću.

Mi više tome ne verujemo,
nit išta na svetu poštujemo.
Ništa željno ne očekujemo,
mi ništa ne oplakujemo.
Nama je dobro.
Prokleta pobeda i oduševljenje.
Da živi mržnja smrt prezrenje.

Unsere Elegie

Es schmerzt nicht mehr.
Gračanica ist lange her,
was sagt uns noch Takovo's Gräberfeld?
Marko ekelt sich, aufzustehen im Morgenlicht,
die Gräber schweigen, reden nicht.
In den Himmel kommt unsere
verächtlich belächelte Sklavenwelt.

Wir wollen keinen Sieg und Glorienschein.
Auch wenn ihr laßt ins Paradies uns ein
und reißt uns vom Himmel die Sterne wie Laub.
Auch wenn uns umarmen, die uns quälen,
das ganze Land in Flammen stählen,
auch wenn sie niederknien vor uns im Staub.
Auch wenn ihr uns alle die Hände küßt,
umjubelt, Kronen auf die Köpfe setzt
und mit Trompeten verkünden müßt,
Blumen und Ehre und Glück seien jetzt.

Daran glauben wir nicht mehr,
nichts auf der Welt bedeutet uns Ehr.
Wir wünschen nichts mehr sehnlichst her,
nichts, worum wir weinen sehr.
Es geht uns gut.
Verflucht seien Sieg und der Ruf nach Siegheil.
Es lebe der Haß, der Tod, das Vorurteil.

Pobedi

Videh tvoja kola od krvavog zlata,
zasuta ružama i ženama golim.
U moru modrih telesa preli me plačem starim
robova, satrapa, imperatora i bogova
onaj urlik divan: „Thalatta, Thalatta“.
Tad sinu nebo sjajno, ko mladost,
u njemu planu strašnom senkom Rim.
Deca i zveri i žene gole putem
padahu po tebi, polivene vinom.

Videh na njima maske i hetere i dželata,
u beloj svili suznu, stidnu Madonu sa sinom
u bujici krvi i kruna i zlata.
Pobedio je svaki narod, svi carevi.
Pobedila su deca i razbojnici.
Pobedila je smrt. Pobedila je slast.
Jednu nikad ne vukoše tvoja kola:
čast.

Dem Sieg

Ich sah deinen Wagen voll von blutigem Gold,
überquellend von Rosen und nackten Frauen.
Im Meer der blauen Körper: kaum zu überschauen
das alte Weinen der Sklaven, Satrapen, Herrscher und Götter,
dann jener erlösende Schrei: „Thalatta, Thalatta".
Und jugendlich strahlt der glänzende Himmel,
wirft seine schaurigen Schatten auf das brennende Rom.
Kinder und Tiere und nackte Frauen fallen
über dich her, bespritzt mit Wein.

Die Maske der Hure schien gleich des Henkers mir hold,
in weißer Seide, weinend, voll Scham: die Jungfrau mit Sohn
in einer Flut von Blut und Kronen und Gold.
Jedes Volk hat schon einmal gesiegt, jeder Kaiser.
Es siegten die Kinder und Räuber.
Es siegte der Tod. Es siegte die Lust.
Deine Wagen sind voll, doch du hast keine Ehre
in der Brust.

Robovima

Ne ubijajte pseto ni vuka.
Nećete skinuti jaram s vrata –
nema slobode,
dok vam ruka
miluje decu, i sestru, i brata.

Ne tražite po ulicama mračnim,
ritu i blud, što crveni.
Eno vam rita na posteljama bračnim,
a sram u ljubljenoj ženi.

Kad ubijete sina svog
prsnuće lanci, i pasti Bog.

Jer laže vas najmilije,
jer sram je, što pesme slave,
za čim vam suza lije
i bono klonu glave!

U noći za čim tugujete,
što kujete u zvezde,
što mole crkve svete,
i hoće vojske, što jezde.

Jer čast veziva ruke,
i ponos rađa jauke,
i srce tera preko mora
u šumu, gde se glođe kora.

Slava će doći,
kad vas povedu ubice.
Kad reč vam bude krv, i
plamen.

An die Sklaven

Ihr tötet weder Wolf noch Hund.
Vom Hals fällt euch nicht ab das Joch –
schlagt euch die Freiheit aus dem Kopf,
solang ihr liebt im Herzensgrund
Kinder, Schwester, Bruder noch.

Sucht nicht in dunklen Gassen den Schimmer,
Lumpen und Unzucht, die rot sich hingibt.
Seht doch die Lumpen in eurem Schlafzimmer,
und die Scham in der Frau, die ihr liebt.

Habt ihr getötet euren Sohn,
reißen die Ketten, Gott zum Hohn.

Was ihr am meisten liebt, hat euch betrogen,
von Scham nur noch die Lieder singen,
was euch zu Tränen hat bewogen,
wird schmerzerfüllt in euren Köpfen klingen!

Nachts trauert ihr den Sternen nach,
die ihr hättet schmieden können,
wofür die Kirchen beten, ach,
und Heere in die Steppe rennen.

Die Hände gebunden von Würde,
Stolz gebiert Hürde um Hürde,
und übers Meer das Herz euch jagt
in den Wald, wo ihr an Rinde nagt.

Ruhm ereilt euch,
wenn euch Mörder führen hinters Licht.
Wenn euer Wort in Blut sich wandelt, und
in Feuer.

Sunce će vam obasjati lice,
kad vidi, da vas se zmije ne plaše,
no majke vaše, majke vaše.

Robovi ste dok imate suze,
čast vaša beše što slobodu uze,
a vratit će je mržnja, greh, i
kamen.

Die Sonne wird euch scheinen ins Gesicht,
damit die Schlange nicht mehr vor euch zitter,
es zittern eure Mütter, eure Mütter.

Sklaven seid ihr, solange ihr weint,
die Würde nimmt euch, was euch als Freiheit erscheint,
und gibt euch zurück Haß, Begierde,
Ungeheuer.

Oda vešalima

Što ste crna kao krst?
I masna ko mesarska vrata?
Ta senka vam liči na mač čvrst,
a skuplja ste od zlata.

Što se krijete u robijaški vrt
i cvetate iza zida?
Još nas ima što volimo smrt
i na vama visiti - od stida.

Što ne bi pošla na vrhunce,
ko kraljevi i vođe?
Silnija ste no jarko Sunce,
nek vam se klanja ko prođe.

Ta grlili smo gore od vas
i nosili na oltare.
Pa kad Isus ne spase nas,
vaše će ruke stare.

Ta vi ste još svakom narodu doneli
ponos, i spas, i radost.
Ta k vama su išli koji su hteli
čast na svetu, i mladost.

Pa što bi došla tako tajno
i pognula svoju glavu?
Hoćemo da vas dočekamo sjajno
sa pesmom u vašu slavu.

Lepše se na vama po nebu šeta,
po zemlji ima blata.
Čvršće grlite no nevesta zakleta
oko mlada vrata.

Ode an die Galgen

Wie ein Kreuz so schwarz seid ihr?
Und fettig wie des Fleischers Tür?
Euer Schatten ähnelt einem Schwert,
mehr als Gold, ihr seid viel wert.

Warum versteckt ihr euch im Knastgemäuer,
warum blüht ihr hinter dicken Wänden?
Wir, die den Tod lieben, sind euer,
zu hängen heißt: in Scham zu enden.

Könnt ihr nicht auf hohe Berge steigen
wie Könige und Führer?
Stärker als die heiße Sonne seid ihr,
wer vorbeikommt, möge sich vor euch verneigen.

Unwürdigere als euch haben wir umarmt,
und auf den Altar gehoben.
Wenn sich Jesus unser nicht erbarmt,
laßt uns eure alten Hände loben.

Allen Völkern könnt ihr bringen
Stolz und Erlösung und Tugend.
Zu euch werden gehen, die ringen
um Würde auf dieser Welt, um Jugend.

Warum kommen sie zu euch geheim
und den Kopf gesenkt?
Wir suchen auf euch Ruhm und Reim,
ein glanzvolles Lied sei euch geschenkt.

Glücklich, wer von euch den Himmel schaut,
auf der Erde ist nichts als
Dreck. Fester umarmt ihr als die Braut
den jungen Hals.

Pa kad je sunce ludo tako
da više voli poštenje
i sve za čim je svet toliko plako
no pomije i korenje.

Što bi se krila u robijaški vrt
i cvetala iza zida?
Još nas ima što volimo smrt
i na vama visiti - od stida.

Što ste crna kao krst?
I masna ko mesarka vrata?
Ta senka vam liči na mač čvrst,
a skuplja ste od zlata.

Zagreb, 1917.

Dumm ist, worauf die Sonne scheint,
sie liebt den Anstand,
und alles, worum die Welt geweint,
mehr als Abschaum und Tand.

Warum versteckt ihr euch im Knastgemäuer,
warum blüht ihr hinter dicken Wänden?
Wir, die den Tod lieben, sind euer,
zu hängen heißt: in Scham zu enden.

Wie ein Kreuz so schwarz seid ihr?
Und fettig wie des Fleischers Tür?
Euer Schatten ähnelt einem Schwert,
mehr als Gold, ihr seid viel wert.

Zagreb, 1917.

Spomen Principu

O Balši, i Dušanu Silnom, da umukne krik.
Vlastela, vojvode, despoti, behu sram.
Hajdučkoj krvi nek se ori cik.
Ubici dište Vidovdanski hram!

Slavi, i oklopnicima, nek umukne poj.
Despotica svetih nek nestane draž.
Gladan i krvav je narod moj.
A sjajna prošlost je laž.

A ko nas voli, nek voli kamen goli.
Nek poljubi mržnju i mrtve.
Iskopane oči, vino što se toči,
u slavu ubistva i žrtve.

O pravdi i pobedi svetoj tek umukne krik.
Ocevi i braća i sestre behu sram.
Osveti, majci našoj, nek se ori cik.
Raji, riti, dište kosovski hram.

A suncu i manastirima ugušite poj.
Kadife i svile nek nestane draž.
Jauk i groblje je narod moj.
A sjajna prošlost je laž.

Moj narod nije steg carski što se vije,
nego majka obeščašćena.
Znoj i sirotinja i mržnja što tinja
u stidu zgarišta i stena.

1918.

Denkmal für Gavrilo Princip

Für Balša und Dušan den Mächtigen laßt verstummen den Trubel.
Fürsten, Herzoge, Despoten: Seht euch die Schande an.
Das Blut der Rebellen verdient euren Jubel.
Für den Mörder errichtet den Tempel am Vidovdan.

Laßt verstummen den Gesang auf Ritter und Ruhm.
Beendet der charmanten Herrscherinnen Intrige.
Mein Volk blutet, Hunger geht um.
Die glorreiche Vergangenheit ist Lüge.

Wer uns liebt, der liebt auch den kahlen Stein.
Er küßt den Haß und die Toten,
die ausgerissnen Augen, den vergossnen Wein
zum Ruhm auf Opfer und Mordtat, den roten.

Laßt verstummen den Trubel um Recht und heiligen Sieg
Väter, Brüder, Schwestern: Sie waren der Schande Exempel.
Unsere Mutter, die Rache, verdient den Jubel.
Für Pöbel und Lumpen errichtet den Kosovo-Tempel.

Erstickt den Gesang auf Sonne und Klöster.
Reißt Samt und Seide aus dem Gefüge.
Wehklage und Friedhof sind meines Volkes Tröster.
Die glorreiche Vergangenheit ist Lüge.

Mein Volk ist nicht die flatternde Zarenfahne im Wind,
die Mutter ist's, die entehrte.
Schweiß und Elend und Haß, der glimmt
in der Demut der Felsen und Brandherde.

1918.

Ditiramb

Stoleća te digla razapetog.
O rode blagosloven bol.
Slavu sam pevo mira svetog,
koje toči ubica ohol.

Tebe o rode jer veseo mreš,
a smrt je samo čast,
gusle ne daju da za život zreš,
za služinsku počast.

Naša je sudba urlikom mreti
oholo strašno po gorju.
Pevati, glasno razapeti,
po stenju, kršu i borju:

Da je život za sluge čast,
i nad veseo gnjili svet
vitlati sebe smrti u počast,
kao steg krvav i svet.

Steg dičan buna i ubica.
O rode ti si izabranik njin.
Klekneš li životu ponizna lica
nisam više tvoj sin.

Lobgesang

Jahrhunderte haben dich, Gekreuzigter, emporgehoben.
O Volk, das Schmerz genießt.
Geweihtes Öl will ich besingen und loben,
das aus dem hochmütigen Mörder fließt.

Dir, meinem Volk, das fröhlich stirbt,
ist der Tod eine Sache der Ehre.
Die Gusla spielst du, nicht daß sie fürs Leben wirbt,
nur daß die Pflicht sie vermehre.

Unser Schicksal ist, mit einem Schrei zu sterben,
in den Bergen, schaurig stolz.
Wir singen laut, wenn wir gekreuzigt werden
am Fels, im Karst, auf Kiefernholz:

Den Knecht nur ehrt das Leben,
und über diese fröhlich faule Welt
schwingen wir, dem Tode hingegeben,
die Fahne, blutig heilig aufgestellt.

Aufrührer und Mörder schmieden den Komplott.
O Volk, von ihnen bist du auserwählt.
Kniest du vorm Leben wie vor Gott,
werd ich nicht länger als dein Sohn gezählt.

Vojnička pesma

Nisam ja za srebro ni za zlato plako,
niti za Dušanov sjaj.
Ne bih ja rukom za carske dvore mako,
za onaj bludnica raj.

A šta je meni do tih mramornih dvora
tučnog ponoćnog sata,
što očima slepim odbijati mora,
sestri sramnoj od brata?

A šta je meni do velmoža u svili,
sa sokolom na ruci?
Otac mi je sebar što na točku cvili,
a kćer mi glođu vuci.

Baš ništa me za crkve duša ne boli,
za silnoga cara dom.
Za grčke ikone poleguša golih
u robovskom hramu tom.

Dao je njinoj duši oproštaj
guslara seljački poj.
U njivama mi je sahranjen lelek taj,
u prokleti večan znoj.

Nisam ja za srebro ni za zlato plako,
niti za Dušanov sjaj.
Ne bih ja rukom za carske dvore mako,
za onaj bludnica raj.

1918.

Soldatenlied

Niemals habe ich geweint um Silber oder Gold,
niemals um Dušans Ruhmesspuren.
Niemals nahm meine Hand von Fürstenhöfen Sold,
diesem Paradies der Huren.

Was kümmern mich die marmornen Paläste,
der Schlag der Bronzeuhr um Mitternacht,
die blinden Auges trennen muß die Gäste,
wenn die Schwester im Bruder das Feuer entfacht?

Was kümmern mich die Mächtigen in Seide,
denen ein Falke auf der Hand gesessen?
Mein Vater ist Leibeigener im zerfetzten Kleide,
und meine Tochter wird von Wölfen gefressen.

Nicht wegen der Kirchen trübt sich meine Seele,
nicht wegen des Hauses der mächtigen Zaren,
nicht wegen leichter Mädchen auf griechischer Stele,
die im Sklaven-Tempel aufgetürmt waren.

Gnade, ihren Seelen hat Ablaß gewährt
der Bauerngesang beim Guslaspielen.
Die Äcker haben ihnen die Klage beschert,
unter ewig verdammten Schwielen.

Niemals habe ich geweint um Silber oder Gold,
niemals um Dušans Ruhmesspuren.
Niemals nahm meine Hand von Fürstenhöfen Sold,
diesem Paradies der Huren.

1918.

Nikoli I.

Seti se, presto je rumen, ko krv.
Seti se, proboden bog umire u krvi.
Seti se, kud moj narod sa pesmom povrvi,
Tu se ne kleči, ne klanja i ne puzi
No se sudi kralju i sluzi, na krvi, na krvi.

Na Lovćen gorki da iznesemo presto, zasadimo ti
vrte pune ruža?
I poklonimo se u prašinu često, na rukoljub
šaka da ti se pruža?

Vojska da kliče sedome gospodaru
a narod zida po pepelu i garu
nakinđuren dvor i visoki zid?

Na Lovćenu je sramota i stid.
Na tvom licu lukavi bratski sjaj.
Ne treba nam tvoj pozdrav i uzdisaj.

Zar ruka da diže protiv reči svete, što željaše
svilu, zlato, amorete?
Eno ti grobovi, vrtovi u Beču, eno ti talijanski
nakiti što zveču.
Za narod, kamen, sirotinju i glad, nisi dosta tvrd
ni pošten, veran, mlad.

Obuci svilu i pokupi sinove, ordene tuđinske
i krpe šarene.
Čekaju te jadne, puste gore, ove, gladni starci i
obeščašćene žene
i obala što ti porodicu zove.

An Nikolaus I.

Besinne dich, dein Thron ist rot, wie Blut.
Besinne dich, daß Gott, erstochen, stirbt im Blut.
Besinne dich, wonach das Volk in seinen Liedern ruft,
wir knien nicht nieder, beugen uns und kriechen nicht,
aber König und Diener, ihr werdet gerichtet, im Blut, im Blut.

Solln wir deinen Thron auf den Lovćen tragen und dir pflanzen Gärten
voller Rosen?
Uns im Staub vor dir verneigen, damit du die Hand
ausstreckst, um uns zu kosen?

Soll die Armee noch schießen dem Alten zum Gruß,
und das Volk mag errichten auf Asche und Ruß
ein aufgetakeltes Schloß, umringt von hoher Mauer?

Schande und Schmach, auf dem Lovćen sind sie von Dauer.
Auf deinem Gesicht: ein listig brüderlicher Schein.
Deine Grüße und Seufzer, wir brauchen sie nicht, nein.

Solln wir die Hand erheben gegen das heilige Wort, weil wir
uns wünschen
Seide, Gold und Amorputten?
Grabfelder gehören dir, Gärten in Wien, du hast klimpernden
italienischen Schmuck.
Für das Volk bleiben Steine, Armut und Hunger, nicht streng genug,
unanständig, treu und jung sind wir.

Kleide in Seide dich, zu versammeln die Söhne, schmücke
dich mit fremden Orden, bunten Fetzen.
Jämmerlich und wüst warten die Berge auf dich, hungrige Greise,
entehrte Frauen, das Entsetzen
und eine Küste, die zurückruft deine Familie.

Da nam zasviraju otmeni klaviri,
tvoj osmeh što lepo sa svim pomiri
neka uči dičnoj smrti perjanike.

Nek sinu ko Montekarla ogledala,
zabrujaše zvona sa naših obala
a narod će vući kola naše dike.

Zaori se urlik sa Bardanjiola
sirotinje bedne i klisura pustih,
zaplakaše svaka porodica gola
silna slava sa pomodrelih usti.

Tebi, jer tebi je sam bog dao vlast
jer nikad nisi zaboravio
te stene ponosne, sure, orlovite.

Mučeniče, sveče naš nekloniče.

Na pepelu krvavom Crne Gore
nije dosta gorka slast nove zore
no ti što si očuvao čast.
Misliš da su stene dedovina tvoja.
Lovćen da daje stene na pazar.

Ti...
more seti se, da znamo
u Gori Crnoj pašu da dočekamo
pa kad je prokletstvo naše krv
i nikad nije još pomogo bog,
ni plač, ni čast, ni junaštvo, ni vera,
pomaže večna nada roda mog
i protiv brata i protiv zvera.
Nada u majku, osveta u krv.

Dann mögen uns aufspielen edle Klaviere,
dein Lächeln versöhnt uns und die Tiere,
deine Leibgarde übt wunderbar den Tod.

Mögen sie nach Monte Carlo mit Spiegeln uns locken,
an unseren Ufern ertönen die Glocken,
stolz zieht den Karren das Volk in der Not.

Da war zu hören aus Bardanjiola ein Schreien,
Armut und Elend in einsamen Schluchten.
Tränen in den Familien sind nicht zu verzeihen,
auf blauen Lippen bebt der Ruhm, den wir suchten.

Dir gab Gott die Macht,
weil du niemals vergessen hast
die Felsen, kahl, adlergleich.

Märtyrer, heilig uns, Unerschöpflicher.

Auf der blutigen Asche von Montenegro
macht nicht allein der neue Morgen froh,
du erfreust uns, weil du bewahrt hast die Würde.
Du aber denkst, die Felsen hättst du geerbt vom Großpapa,
denkst, der Lovćen trägt seine Felsen auf den Basar.

Du …
Meer, entsinne dich, daß wir wissen,
in Montenegro auf den Pascha zu pissen,
wenn schon unsere Verdammnis ist das Blut
und uns noch nie geholfen hat ein Gott,
nicht Weinen noch Ehre, nicht Glaube noch Spott,
hilft doch die ewige Hoffnung des Volkes hier
gegen den Bruder und gegen das Tier.
Hoffnung steckt in der Mutter, Rache im Blut.

Večni sluga

Oplakali ste rat
i mislili: sad je kraj.
O mučenici,
vešala rastu više
nego sin, žena i brat
i verna su, u beskraj!

Okitiće mramorom sale
i spustiti zavese žute,
da lešine zidove ne provale
i da ćute!

Obesiće odore šarene
i noge i ruke vojnika,
a ruševine i obeščašćene žene,
gledaće samo sa slika.

Ah, sve je to leprš šarenih tica,
pobede gorka slast.
Otadžbina je pijana ulica,
a očinstvo prljava strast.

Smeh se zaori da sve dovrši,
sram se krije iza grobnog plota.
A posao sluge dalje da vrši,
za svačiju bludnicu, i skota,
bog ostavlja, u ritama, vas.

1918.

Ewiger Knecht

Ihr habt den Krieg beweint,
dachtet: jetzt ist Schluß.
Ihr Armen,
die Galgen wachsen schneller,
als Sohn und Frau und Bruder sind vereint,
und treu sind Galgen grenzenlos!

Mit Marmor schmücken sie die Säle
und entrollen gelbe Fahnen,
damit den Leichen ja nichts fehle,
damit sie keinen Aufstand planen!

Bunte Uniformen zieren die Städtchen.
Verwundete Soldatenglieder,
Ruinen und entehrte Mädchen
kehren nur auf Bildern wieder.

Ach, all das ist nichts als bunter Vögel Narretei,
bittere Lust am Siegen.
Die trunknen Straßen, dem Vaterland ist's einerlei,
die Väter bleiben im Dreck liegen.

Lachen erschallt, all das zu beenden.
Hinterm Friedhof liegt die Scham begraben.
Den Knecht jedoch werden weiterhin schänden
eines jeden Hure und krächzende Raben.
Gott behütet euch, in Lumpen.

1918.

Jugoslaviji

Nijedna čaša što se pije,
nijedna trobojka što se vije,
naša nije.

Zdravo da si mi Zagorče crni,
lukavi, zloslutni, tvrdoglavi,
ja te volim.

Zdravo, vi tamo gde je mesečina meka,
svakog ću brata, što zaseo čeka,
da prebolim.

Zdravo, svi, redom, gustih obrva,
mutna oka, tužnih pesama,
strašna braća.

Ista je naša psovka prva,
nož i devojka nasred sela
i stid domaća.

Zdravo, naše obesne žene!
Istom su suzom, bolom i strašću
košulje i svadbe nam izvezene.

A svetkovina što vino pije,
slave i crkve šta nas se tiču?
Suza sa oka još kanula nije,
još telali mesto mrtvih viču.

Zdravo, na domu mrki pogledi,
mržnja i svađa.
Zdravo, u sramu, pokoru, bedi,
braća smo, braća!

Zagreb, 1918.

An Jugoslawien

Kein Glas zum Trinken,
keine Fahne zum Winken,
ist unser.

Sei mir gegrüßt, Zagorjaner, Schwarzer,
listiger Schwarzseher,
ich liebe dich.

Seid gegrüßt, ihr dort im weichen Mondlicht,
jeder Bruder, der sich versteckt noch im Dickicht,
fehlt mir schmerzlich.

Seid gegrüßt, allerseits, nacheinander, ihr mit den dichten Brauen,
traurigen Liedern, ihr mögt finster schauen
und den schrecklichen Brüdern vertrauen.

Wir schimpfen mit den gleichen Worten,
Messer und Mädchen sind gleich allerorten,
und, in den Häusern, die Scham.

Seid gegrüßt, ihr hochherzigen Frauen!
Mit gleicher Träne, für Schmerz und für Freude,
bestickt ihr unsere Hemden und Hochzeiten.

Zum Wein mögen die Festtage taugen,
die Feiern und Kirchen, wen kümmern sie heute?
Noch stehn uns Tränen in den Augen,
und Ausrufer schreien, wo die Gefallenen liegen.

Seid gegrüßt, ihr düsteren Blicke im Lande,
Haß und Zwist, immer noch oder wieder.
Seid gegrüßt, ihr in Plage, Elend und Schande,
Brüder sind wir, Brüder.

Zagreb, 1918.

Zamorenoj omladini

Da li znaš još naše noći budne
kad su u jorgovana rumene senke,
kad je tavan kao žudne
nebu uperene oči?

Da li si osetila da svud to boli
ne samo kod nas: biti mlad.
I nositi u duši neku mutnu setu
što sve, a da pomoći može, voli?

I da li si se već jednom utešila
da je to mladost:
ta bolna mutna sudba?

Karlovci, 1918.

Auf die müde Jugend

Erinnerst du dich an unsere durchwachten Nächte,
an die rötlichen Schatten der Lilien,
an die gierigen Gefechte
unserer Blicke zum Himmel?

Spürst du, wie es schmerzt noch, überall,
nicht nur bei uns: jung zu sein.
Und in der Seele zu tragen diese unbestimmte Sehnsucht,
alle, die helfen können, zu lieben, in Sturz und Fall?

Hast du darin Trost gefunden,
daß diese Jugend ist
eine verdammt trübe Sache?

Karlovac, 1918.

Pozdrav

Tebi, što si me srela na moru
i zbrisala mi sa čela žig
majke bludnice i roba oca,
skinula mi sa vrata zmije,
žudne, žalosne, ženske ruke,
slava, Slobodo!

Tebi, što si me srela ovenčanog trnjem
sumnja, zakona, suza i vera
i zdrla mi sa čela taj venac.
Tebi, što si mi narumenila usta
plodom dobra i zla, da ga ne znam,
slava, Slobodo!

Tebi, što si mi u telo
zasadila vetrovito bilje šuma,
iščupala stid i strah.
Tebi, što si mi oči pomračila
tugom zveri, a kožu osvetlila
veselošću oblaka,
slava, Slobodo!

Ne priznajem da sam rođen
i ne rađam, nisam ničiji,
ne čujem reči, ne vidim boje.
Van zakona sreće i bola
kao jedro na vetru ja kličem
tebi Slobodo.

1918.

Gruß

Dich, du bist mir begegnet auf dem Meer,
hast mir die Zeichen von der Stirn gewischt,
die Mutter Hure, der Vater Sklave,
hast mir vom Hals gelöst die Schlangen,
trostlose Frauenarme, das Verlangen,
dich rühme ich, Freiheit!

Dich, du bist mir begegnet, als ich trug die Krone
von Zweifeln, Gesetzen, Tränen und Religion,
du hast abgerissen von meiner Stirn den Lorbeer.
Dich, du hast mir den Mund gerötet mit der Frucht
des Guten und des Bösen, damit ich es nicht erkenne,
dich rühme ich, Freiheit!

Dich, du hast mir gepflanzt in den Körper
die windigen Pflanzen der Wälder,
hast ausgejätet Scham und Angst.
Dich, du hast mir den Blick verdüstert
mit tierischer Traurigkeit, hast mir erhellt die Haut
mit dem Frohsinn der Wolken,
dich rühme ich, Freiheit!

Nein, ich bekenne nichts: Ich wurde nicht geboren,
und ich gebäre nicht, ich gehöre niemandem,
lausche keinen Worten, sehe keine Farben.
Allein nach dem Gesetz von Glück und Schmerz
flattere ich wie ein Segel im Wind
zu dir, Freiheit.

1918.

NOVE SENKE

NEUE SCHATTEN

Gardista i tri pitanja

Volo bih stajati u jednoj crnoj gardi,
a perjanica bela da mi leprša visoko.
Da imam brčiće smeđe i vrlo male,
pa kad bi zorom sve zavese popadale
i poklonivši se ravno zlatni elabardi...
kad prođe, da na meni stane kraljičino oko.
Da me zapita meko, ko kad bi leptir šuško:
Što si uvek tužan?
Smešeći se počast bih šinuo
i tiho rekao: Jer sam muško.

Posle da je godinama tuda nema.
Jedno veče da, iznenada, opet, tuda lovi,
i zvezdana, majska, noć da mi je na grudi,
rujnu od žudi, baci, svu bledu od žudi.
Da zasuzi, zagrli, rukama obema,
gola kao potok, sa bedrima kao labudovi.
Da me zapita meko, ko kad bi leptir šuško:
Što si uvek tužan?
Ja bih mačem počast šinuo
i tiho rekao: Jer sam muško.

Jedne lepe jesenje zore rujne,
da me na izdanku nađe, pod kikotom truba.
Nežna kao bela ruža, čista kao rosa,
da dotrči zadihana, vrela, bosa,
suzna zbog zore jesenje, blage, nečujne.
Ja bih se digo, i, kad bi ko leprš goluba,
viknula i zaplakala, ko kad bi lepir šuško:
Reci, zbogom, zori.
Ja bih počast šinuo i tiho rekao:
Tužno je biti muško.

Gardist und drei Fragen

Würd ich angehören einer schwarzen Garde,
flatterte mein weißer Helmbusch hoch.
Dunkelblond würde mein Schnurbärtchen wallen,
wenn morgens die Vorhänge fallen
und, sich tief verneigend vor der goldnen Hellebarde,
die Königin wirft ihr Auge auf mich.
Sie fragt mich sanft, als raschelte ein Schmetterling im Gebüsch:
Warum bist du immer traurig?
Lächelnd hebe ich zu sprechen an
und flüstere: Ich bin ein Mann.

Danach verschwindet sie für lange Zeit.
Eines Abends, unverhofft, kommt sie zurück zur Jagd:
gestirnte Nacht, im Mai, sie liegt auf meiner Brust,
gerötet vom Verlangen, blaß vor Lust.
Weinend klammert sie sich, schreit,
mit ihren Schenkeln, schwanenweiß, wie Wasser nackt, an mich.
Sie fragt mich sanft, als raschelte ein Schmetterling im Gebüsch:
Warum bist du immer traurig?
Auf das Schwert zeige ich dann
und flüstere: Ich bin ein Mann.

Eines schönen Morgens, in herbstlichem Rot,
geht mir der Atem aus unterm Kichern der Trompeten.
Rein wie einer weißen Rose zarter Gruß,
hetzt sie heran, atemlos, barfuß,
weint um des Herbstmorgens stillen Tod.
Könnte ich wie eine flatternde Taube erheben mich,
sie würde heulen, als raschelte ein Schmetterling im Gebüsch:
Lebwohl, Morgenröte.
Ehre erweise ich dir und heb zu flüstern an:
Traurig ist's, zu sein ein Mann.

Serenata

Čuj, plače Mesec mlad i žut.
Slušaj me, draga, poslednji put.

Umreću, pa kad se zaželiš mene,
ne viči ime moje u smiraj dana.
Slušaj vetar sa lišća svelog, žutog.

Pevaće ti: da sam ja ljubio jesen,
a ne tvoje strasti, ni članke tvoje gole,
no stisak granja rumenog uvenulog.

A kad te za mnom srce zaboli:
zagrli i ljubi granu što vene.
Ah, niko nema časti ni strasti,
ni plamena dosta da mene voli:

No samo jablanovi viti
i borovi pusti ponositi.
No samo jablanovi viti
i borovi pusti ponositi.

Potkamien, u Galiciji, 1915.

Serenade

Hör, wie der Mond weint, jung und fahl.
Hör mich, Liebste, noch ein letztes Mal.

Ich sterbe, sehnst du dich zurück nach mir,
rufe, wenn der Tag sich neigt, nicht meinen Namen.
Hör den Wind im gelben, welken Laub.

Er singt dir: den Herbst hab ich geliebt,
ich liebte weder deine Lust noch deinen Leib,
nur die Umarmung der rot verwelkten Zweige.

Und wenn du dich im Herzen nach mir sehnst:
umschlinge und küsse einen toten Ast.
Ach! Ehre fehlt und Leidenschaft,
mich zu lieben, hat kein Feuer genug Kraft:

Nur die Pappeln, hochgewachsen schlank,
und die Föhren, stolz und einsam, krank.
Nur die Pappeln, hochgewachsen schlank,
und die Föhren, stolz und einsam, krank.

Potkamien, in Galizien, 1915.

Tradicije

Zaželećeš da budeš majka,
i očima suznim punim bajka
i glasom punim uspavanka,
smešićeš se bez prestanka,
i klečaćeš preda mnom:

Ali sa moga lica
padaće na tebe mržnjom tamnom
radost zuluma, zgarišta i šuma,
i gordi, bezbrižni smeh ubica.

Pod gorom visokom u večeri jasne,
šaptaćeš mi reči plahe strasne,
i nuditi nedra naježena bela.
Ali će iz moja oba oka nevesela
jurnuti da grle pogledi žudni
planinski jedan strm,
ili bor, ili jelu, ili šumu rascvetanu,
ili koji mračan grm.

I kad ti na licu plane plam,
bludan i stidan od dara
skrivenog pod srcem sred nedara:
ja otac biću tužan, što ne ubih,
ja otac biću tužan, jer ljubljah,
što nisam više krvav i sam.

Traditionen

Du wünschst dir, als Mutter zu taugen,
siehst schon Märchen mit verweinten Augen,
den Mund hast du voller Kinderlieder,
und du lächelst immer wieder
und wirst vor mir knien:

Aber du irrst: Ich hasse die Schwachen,
ich bin für dich eine dunkle Gestalt
mit Freude am Joch, an Feuer und Wald,
mit des Mörders stolzem, sorglosem Lachen.

Am Fuß der hohen Berge rückt klar der Abend vor,
scheu flüsterst du ungestüme Worte in mein Ohr
und ziehst mich an deine weiße, bebende Brust.
Aus meinen traurigen Augen springt die Lust,
mit gierigen Blicken zu umarmen
diesen Bergrutsch,
die Kiefer, die Tanne, den erblühten Wald
oder irgendeinen dunklen Busch.

Und wenn auf dem Gesicht dir steht die Glut
als unzüchtige, schamerfüllte Gabe,
damit das Herz sich in der Brust dran labe:
Ich werd als Vater traurig sein, daß ich nicht tötete,
Ich werd als Vater traurig sein, daß ich nicht liebte,
daß ich nicht mehr einsam bin im Blut.

Portre

Duša ti je raskidana, čista, bolna,
bleda kao lica ruskih nihilistkinja.
pogled ti je gorak i svet, ko u madona,
u kapelama gde kandilo jedva tinja.

Ozbiljna si i tužna i poštena.
Kad tio sviraš Betovena
čelo ti je puno teških bora,
kao da si muško, što se svud potuco,
sa Hristom, Mefistom i sa Don Huanom,
u životu veselom i tužno nasmejanom.
Kao prosjak sa barikada puco,
i ko Cezar dolazio sa mora.

Al čim se zaljubiš...
članci tvoji i grudi malene
i kolena tvrda ko kruna od srebra,
i blede usne što brzo zarumene,
i sjajna laka rebra
čine te markizom....

U strasti očiju plavih,
i žilica jako ljubičastih,
i grudi ko cvetovi što venu,
cvetovi beli prvi...

Markizom, što bleda od uživanja
bezbožna, ironična kad se zora javi
odlazi ispod grana.
I ostavlja draganu za uspomenu
dve tri kapi ljubičaste krvi.

Porträt

Gespalten ist deine Seele: krank und unbesonnen,
bleich wie Rußlands Nihilistinnen Gesichter.
Heiligbitter dein Blick, wie der Blick der Madonnen
in Grabkapellen, im Kerzenglimmer schwacher Lichter.

Ernst bist du, traurig und würdevoll.
Spielst leise du Beethoven in Moll,
liegt deine Stirn in Falten schwer,
alles hast du wie ein Vagabund genossen,
mit Christus, mit Mephisto und mit Don Juan,
das Leben nahmst du fröhlich, traurig, lächelnd an.
Mit Bettlern hast du von Barrikaden geschossen,
wie Cäsar pflegtest du zu kommen übers Meer.

Aber, sobald du dich verliebst ...
werden deine Glieder und die kleinen Brüste
und deine Knie hart wie ein Silberstück,
ob deine blassen Lippen rasch erröten, ich gern wüßte,
der Rippen leichtes Schimmern – zurück
verwandelt's dich in eine Fürstin ...

Leidenschaft färbt dir die Augen blau,
und violett die Adern,
die Brüste, wie benetzt von Tau,
blühen weiß zum ersten Mal, Salut ...

Fürstin, vor Vergnügen bist du bleich,
gottlos, ironisch und im Morgengrau
den nackten Zweigen gleich.
Dem Liebsten schenkst du ohne Hadern
zwei, drei Tropfen violettes Blut.

Putnik

Idem slobodno,
niko mi nije odneo,
da ljubim, tužnu moć.
Raširim ruke, ali ne u zore
nego u more i noć.

Osmehom ulazim, stigo ma kud,
u tužne i bolne jave.
Kad volim, meni i gresi svud
nebesa pletu,
oko radosno pognute glave.

Ostavljam bolnim osmehom san,
da prođe i ode i mre.
Ljubav je put beskrajan
na kom je dozvoljeno sve.

Ne žalim ni tebe ni sebe ja,
i smešim se na daljine.
Umor mi samo u očima sja,
i sve što ištem od tebe
to je: časak-dva
tišine, tišine.

Jegerndorf, 1915.

Wanderer

Ich gehe frei,
niemand nimmt von mir die traurige Macht
zu lieben.
Ich breite die Arme aus, nicht in die Morgenröte,
sondern in Meer und Nacht.

Wo immer ich ankomme: lächelnd trete ich ein
in traurige, krankhafte Wirklichkeiten.
Wenn ich liebe, flecht ich sogar die Sünden
ins Himmelsmuster hinein
und habe den Kopf voller Heiterkeiten.

Mit schmerzlichem Lächeln laß ich schräg
den Traum vorüberziehen und fortgehen und sterben.
Die Liebe – ein endloser Weg,
alles kann aus ihr werden.

Ich trauere weder um dich noch um mich,
ins Ferne lächeln, das will ich.
Vor Müdigkeit nur glänzt meine Pupille,
und was ich von dir verlange, ist dabei,
einen Augenblick lang oder zwei:
Stille, Stille.

Jägerndorf, 1915.

Uspavanka

Kad šuma svene
ostaće nad njom zvezde rumene.
Ponećeš svud, pošla ma kud,
samo srce svoje gorko.

Vetar studeni duše, ne stidi se mene,
nema duše,
ni zakona ni časti,
nad bolom ima vlasti
još samo telo golo.

Sve što sam voleo
umrlo je vičući ime moje,
i ja mu ne mogah pomoći.

Zbaci odelo svoje.
U celoj zvezdanoj noći
jedina radost nad bolom
u telu tvom je golom.
Sve nam dopušta tuga.

Schlaflied

Wenn der Wald welkt,
bleiben rot die Sterne über ihm stehen.
Überall, wohin du gehst,
trägst du im Herzen deine Bitterkeit.

Der kalte Wind, er wird mich nicht verstehen,
seelenlos ist er,
ohne Gesetz und Ehr,
es herrscht übers Leid
nur der nackte Leib.

Alles, was ich liebte,
rief im Sterben meinen Namen,
und ich vermochte nicht zu helfen.

Wirf deine Kleider ab.
Nachts unter den Sternen
steckt die einzige Freude über das Leid
in deinem nackten Leib.
Alles erlaubt uns die Trauer.

Slava

Bolnije su od greha,
tiše nego ljubičice.
Znaju više od smeha
anđeoska bolna,
tajna je njina
dublja od nevina začeća madona.

Tela su dotle nevina,
dok hoće moja dva oka nevesela.

Kad se oblaci roje...
i lišće pada, sa granja svela,
i svi boli, u jeseni, zaćute...
kud oblak ne nađe više
puteve zasute,
lete oči moje.

Slava

Schmerzhafter sind sie als Sünde,
stiller noch als die Veilchen.
Sie wissen mehr, als zu lächeln
engelsgleich schmerzlich,
ihr Geheimnis ist tiefer
als der Jungfrau unbefleckte Empfängnis.

Die Leiber sind unschuldig,
solange es meine traurigen Augen wollen.

Aber wenn die Wolken ausschwärmen ...
das Laub fällt von welkenden Zweigen,
und alle Schmerzen, im Herbst, schweigen ...
wo die Wolke findet nicht mehr
die verschneiten Wege,
dorthin streifen meine Blicke.

Samoća

Sve dok si strasna i bludna,
ma luda i gadna i čudna,
sa telom starim i sedim,
il pupovima zavejanim
belim:
ja te grlim osmehom bledim
i branim.

Ja te žalim.
Ruke mi drhte, ko suve grane,
sa kojih neko jabuke pobra.
Ja ih pružam
klecajući ulicama malim,
tebi, prošla u svili ili krpi,
za san si dobra.

Samo kad me prošlosti sećaš,
i nešto novo i bolje obećaš,
rajske mi tajne nepoznate kažeš:
da hoćeš ko sestra bratu
da mi pomažeš...
Na mom se licu sve ugasi,
i đavo se javi u jednoj grimasi,
što se smeje i gadi.

Einsamkeit

Solange du leidenschaftlich und gierig bist,
ein bißchen eklig, eigen und verrückt,
mit deinem Körper, so alt und grau er ist,
oder mit Knospen, in die Schnee sich drückt,
weißlich:
solange umfange mit einem blassen Lächeln
und verteidige ich dich.

Ich trauere um dich.
Meine Hände zittern wie dürre Äste,
jemand hat von ihnen die Äpfel gepflückt.
Ich strecke sie aus,
torkele auf der Straße unter Bäumen
zu dir, du magst in Seide kommen oder Lumpen,
immer bist du gut zum Träumen.

Indem du mich erinnerst, was vergangen,
verheißt du mir ein neues, besseres Verlangen,
verrätst mir die Geheimnisse im Paradies:
Ich bin wie ein Bruder, der sich von der Schwester
helfen ließ ...
Mein Gesicht bleibt stehen wie erstarrt,
der Teufel ist's, der meiner harrt
mit einer Grimasse des Lachens und Ekels.

Mramor u vrtu

Kad ćutke sedaš
do nogu mojih i gledaš,
jesenje puteve sumorne,
a usta ti poblede malo kriva
od bola,
ja osetim da si živa.

Mrtva si mi gola.

Koža me tvoja puna tankih žila
seti kako sred razvalina
poprskanih muškom krvlju
već hiljade godina
zmije puze na žene mramorne.

Dojke su pupom kao kap vina
na beloj ruži punoj mesečina,
sete me smrti.

Tada, zalud širim grane
na tebe golu.
Sve mi se čini zbog tebe je jesen
i čim zaspim
u ludoj će strasti i bolu
iz tvojih cvetova mlečnih
jedna kap u jesen da kane.
Nada mnom će u lišću svelom
udi tvoja zasijati,
mrtvi, mramorni, večni.

Krakov, 1915.

Marmor im Garten

Schweigend hast du dich gesetzt
zu meinen Füßen, siehst entsetzt
die düsteren Wege des Herbstes,
und deine Lippen erblassen,
ein wenig bebst du schmerzlich,
und ich spüre, daß du lebst.

Tot ist deine Nacktheit für mich.

Deine Haut ist voll von feinen Adern,
als wäre sie inmitten von Ruinen
bespritzt mit Männerblut,
begehrt seit Urzeiten von ihnen,
kriechen Schlangen auf die Marmorfrauen.

Die Knospen deiner Brüste ähneln einem Tropfen Wein
auf einer weißen Rose voller Mondenschein,
die mich an den Tod erinnert.

Vergeblich breite ich die Äste wieder
aus auf deinem nackten Leib.
Herbst ist wegen dir nur, scheint es allen.
Kaum gerate ich in Müdigkeit,
wird in rasender, schmerzhafter Lust
von deiner milchigen, knospenden Brust
in den Herbst ein Tropfen fallen.
Über mir im welken Laub
werden leuchten deine Glieder,
tot, aus Marmor, für die Ewigkeit.

Krakau, 1915.

Vatromet

Došlo je doba
da nam duša sve lekove zna,
i nikog, nikog ne treba,
ponosna beskrajna.

U telu nam je pobuna.
u telu nam je gađenje,
poniženje neverstvo zlo.

Došlo je doba
da nam duša sve voli i trpi.
Na najgoroj krpi sanja,
blagodari, blagosilja.

Tela nam se uznesu,
kao kamenje u nebesa.
Da pršte grme i gore
u mržnji, razočarana, u besu.

Feuerwerk

Gekommen ist die Zeit,
da unsre Seele alles kennt, was heilt,
und niemand, niemand braucht sie,
ihren grenzenlosen Stolz.

In unsern Körpern steckt Empörung.
In unsern Körpern steckt Ekel,
Erniedrigung, Untreue, Bosheit.

Gekommen ist die Zeit,
daß unsere Seele alles liebt und leidet.
Auf dem übelsten Fetzen träumt sie,
dankt und segnet.

Unsre Körper fliegen gut,
wie Steine gen Himmel.
Damit sie sprühen, donnern und brennen
vor Haß, Enttäuschung, Wut.

Priča

Sećam se samo da je bila
nevina i tanka
i da joj je kosa bila
topla, kao crna svila
u nedrima golim.

I da je u nama pre uranka
zamiriso bagrem beo.

Slučajno se setih neveseo,
jer volim:
da sklopim oči i ćutim.

Kad bagrem dogodine zamiriše,
ko zna gde ću biti.
U tišini slutim
da joj se imena ne mogu setiti
nikad više.

San Vito, al Tagliamento, 1918.

Geschichte

Ich erinnere mich nur, sie war
unschuldig und schlank,
und ihre Haare waren
wie schwarze Seide warm
auf ihrer nackten Brust.

Und es geschah, daß in uns, bevor der Morgen kam,
die weiße Akazie zu duften begann.

Zufällig erinnere ich mich traurig daran,
denn ich liebe:
die Augen zu schließen und zu schweigen.

Wer weiß, wenn die Akazie duftet nächstes Jahr,
wo ich dann sein werde, wer kann es ermessen?
Im Stillen höre ich es geigen:
Ihren Namen werde ich vergessen,
es war einmal, es war.

San Vito am Tagliamento, 1918.

Bele ruže

O, nemoj doći kad te zovem.
Noć mi poslednja ostade
divna, lekovita i beskrajna.

O, nemoj doći,
ostavi mi strasne jade,
slast još jedina mi je tajna.

O, gle ruže što se sagle bele
od nevinosti,
ispod one plave jorgovanske magle.

Drhte od radosti,
a kad ih dodirnem tako brzo
potamne, kao da se prozor smrzo
i raskido cvetove nevesele
ledene tajne.

Weiße Rosen

O, komme nicht, wenn ich dich rufe.
Die letzte Nacht, sie lebt in mir noch fort
herrlich und heilsam, grenzenlos.

O, komme nicht,
laß mir Leidenschaft und Leid,
die Lust ist einzig mein Geheimnis noch.

O, schau die Rosen an, die sich neigen, weiß
von Unschuld,
unterm blauen Nebel des Flieders.

Sie zittern vor Freude,
berühre ich sie, im Spaß,
verdunkeln sie sich auf dem zugefrornen Glas,
verschwunden ist das blumig traurige
Geheimnis aus Eis.

Prva jeza

Desi se: da se začudim,
kad me iznenada rastuže:
kišica plaha,
il jedna smeđa dečija glava
u koju se zagledam duže.

Desi se da se probudim,
od noćna bliza neba plava,
i stavim ruku na srce
što kuca jako.

I kad se tad u mislima zanesem,
i osetim polako, polako:
da je mladost prošla,
pa se stresem.

Erstes Schaudern

Es geschieht: daß ich staune,
wenn mich plötzlich etwas traurig stimmt:
heftiges Regennaß
oder ein Kindskopf, dunkelblond,
nach dem ich länger schaue.

Es geschieht, daß ich erwache
vom Blau des nahen Himmels nachts,
und leg die Hand aufs Herz:
wie heftig es schlägt.

Und wenn ich in Gedanken sinke,
langsam, langsam spüre:
die Jugend ist vorbei,
dann schüttle ich mich.

Rastanak kod Kalemegdana

Rastali smo se
i sišli iz grada.
Kao dve suze, kad naporedo kanu,
sa naboranog lica.

Na vodi su nas čekale lađe.
Tvoja ode prva.
Moja je obilazila ostrva.

Sedeo sam poguren i crn,
pust,
kao Mesečeva senka.

Abschied bei Kalemegdan

Abschied nahmen wir
und stiegen herab von der Burg.
Wie zwei Tränen, die nebeneinander fallen
von einem faltigen Gesicht.

Im Wasser warteten Schiffe auf uns.
Deins legte als erstes ab.
Meins umrundete die Inseln.

Gekrümmt saß ich und dunkel,
ausgeleert,
ein Mondschatten.

Nove senke

Moje su ruke nove senke,
pobledele su mirne,
ko umorna svirala posle terevenke
kad ih mesečina dirne.

One sve senče drago i nežno,
i ljube sve što se gubi,
u nebo mutno, beskrajno snežno,
u sneg što sahranjiva, kad ljubi.

Senka je njina kao paučina tanka,
što drhti nemoćno, meko.
Ja sam na svetu svemu uspavanka,
a mir je moj daleko.

Moje su rane bolne i nove,
a misli suzne, neoprezne.
Blaženi koji po moru plove,
i ne ostaju da čezne.

Misli se moje ničeg ne klone.
Bez sumorne nade i spasa
puste radosno u vidik tonu
u zrak što ih talasa.

U bol i greh i krvoprolića.
Sa tugom novom i bezdanom
u slast vitlaju željom neobuzdanom,
kao svelo lišće, sva bića.

Bolnica u Opatiji, 1916.

Neue Schatten

Meine Hände werfen neue Schatten,
blaß geworden, ruhn sie still,
müd wie Blasmusik, wenn wir Gelage hatten,
und Mondschein sie berühren will.

Sie beschatten alles, was mild ist und zart,
und lieben alles, was sich rasch verliert
im trüben Himmel, wo unermeßlich unser harrt
der Schnee – was er bedeckt und liebt, gefriert.

Wie Spinnweb dünn sind ihre Schatten,
sie zittern kraftlos, ohne Kern.
Allem ein Schlaflied zu sein, wird mir die Welt gestatten,
aber von mir bleibt die Ruhe fern.

Meine Wunden sind schmerzhaft und neu,
meine Gedanken, sorglos, reizen zu Tränen.
Glücklich, wer dem Meer kann bleiben treu
und nicht zu Hause hockt, verzehrt vom Sehnen.

Meine Gedanken schrecken vor nichts zurück.
Trübe Hoffnung kann sie nicht erhellen,
leer und heiter sinken sie ein Stück
hinterm Horizont in luftige Wellen.

In Schmerz, ins Blutbad, in Sünde.
Über neue Trauer und Abgründe
schweben in Lust, in unbändiger Gier
wie welkes Laub, Mensch und Tier.

Krankenhaus in Opatija, 1916.

Partenon

Ne volim veselost proletnih bašta,
niti da ičija duša prodre kroz svilu
mog crnog muškog plašta.

Našao sam sumornu slast tela,
kao vetar zvezde
u granju po groblju,
slađu nego duša.

Pa ne gledam milosnim pogledom
ni po carevima ni po roblju.
Na mome licu bledom
miriše tama bela:
osmeh mog razočaranog tela.

U njemu je očaj, u njemu
što prezrivo odriče ljubav
svemu, svemu.

Parthenon

Ich liebe weder den Frohsinn der Gärten im Frühling,
noch irgendeines Seele, die die Seide durchdringt
meines schwarzen, männlichen Mantels.

Ich habe entdeckt die dunkle Lust des Leibs
wie der Wind die Sterne
im Geäst über dem Friedhof,
süßer als die Seele.

So sehe ich mit mildem Blick
weder die Kaiser noch die Sklaven.
Auf meinem blassen Gesicht
duftet die weiße Dunkelheit:
das Lachen meines enttäuschten Leibs.

In ihm ist die Verzweiflung, in ihm ist,
was verachtet, verneint die Liebe
zu allem, zu allem.

Gospođi X

Ne pomaže ni muž, ni dete, ni glasovir.
Za Vas je u grehu mir.
Biti nesretan malo više ili manje
sve je jedno.
Kriti u srcu za sve gnušanje
o kako je bedno.

Vi niste krivi znamo
za ono što će biti,
nesreća je baš čast.
Dužnost je laž iz prikrajka
za nas što bolno gledamo.
Ne čini ništa ako ste majka
od tog je lepša slast.

O samo je tužan čovek čist,
slobodan, nežan i drag,
ko zvono u polju, i blag
ko cvrkut tica,
i uveo list.

Dižite oči mračne,
ko buntovne buktinje zračne
pobodene u duboke
crne kolutove.

Vi ste moja buna.
Znam da vas dragan zove,
za ništa vas ne pitam.
Ako vas život boli,
ako vas neko voli,
ja vam čestitam.

An Madame X

Nichts hilft, weder Mann noch Kind noch Klavier.
Indem Ihr sündigt, seid befriedigt Ihr.
Ob Ihr mehr oder weniger unglücklich seid,
kommt für Euch auf dasselbe hinaus.
Im Herzen tragt Ihr gegen alles Eitelkeit,
o, im Innern seht Ihr elend aus.

Wir wissen, Ihr seid nicht schuldig
für das, was kommen wird.
Das Unglück ist eben die Ehre.
Und Pflicht ist Lüge, Hinterhältigkeit,
solang wir tragen Schmerz geduldig.
Macht nichts, daß Ihr Mutter seid,
Lust ist schöner als Entbehren.

O nur der traurige Mensch ist rein,
liebenswürdig, zärtlich, frei,
wie eine Glocke auf dem Feld und dabei
sanft wie Vogelzwitschern
oder ein Blatt, gewölbt und fein.

Heben Sie Ihre Augen, die dunklen,
die so aufrührerisch lodern und funkeln,
von Ringen eingefaßt
in schwarze Hast.

Ihr seid meine Rebellion.
Ich weiß, daß Ihr Geliebter rast,
und stelle Ihnen keine Fragen.
Wenn Ihnen schmerzt das Leben,
wenn jemand Sie will lieben,
werde ich „Glückwunsch!“ zu Ihnen sagen.

Kuga

Niki Bartuloviću

Svejedno rodiš li sina ili kćer
u slavu pokoljenja.
Ukus se menja, ukus se menja:
ne menja se čovek i ker.

I nama je dosadno, zar ne,
i Kosovo, i jauk, itd., sve?
Ta to je bila samo šala.
Treba već nešto novo,
ko bi još spominjo ovo,
krv i sram i rat.
Večna su samo tamnica i vešala,
njih će ti rado nuditi i brat.

Što ti je žao našeg pokoljenja?
Zar to nije vesela maskarada:
danas je ukus car, a sutra barikada,
Hristos, pa Neron, pa Lenjin.
Ukus se menja, ukus se menja:
samo su hulje sve isti.
Hiljade godina vuku nas za nos,
pesnici, mesije, carevi i komunisti.

Šta ti je žao našeg pokoljenja
ukus se menja, ukus se menja.
Svejedno rodiš li sina ili kćer:
večno su isti čovek i ker.

1919.

Die Pest

für Niko Bartulović

Ob du Tochter oder Sohn gebärst, na und,
gleichgültig ist's für den Ruhm der Generation.
Die Mode ändert sich, die Mode ändert sich schon:
Nicht ändern sich Mensch und Hund.

Auch uns langweilt, nicht wahr,
das Kosovo, das Wehgeschrei usw., alles?
Ein Scherz war's nur, ein Balgen.
Wir brauchen schon was Neues,
wer will sich noch erinnern:
an Blut und Krieg und Schande.
Was ewig währt: Gefängnisse und Galgen,
gern sieht dich hängen deines Bruders Bande.

Leid tut dir unsere Generation?
Ist sie nicht fröhlich, eine Maskerade:
heute ist Mode der Zar, morgen die Barrikade,
erst Christus, dann Nero, dann Lenin.
Die Mode ändert sich, die Mode ändert sich schon:
Nur der Schuft bleibt, was er ist.
Seit tausend Jahren führt uns an der Nase herum
der Dichter, Messias, Kaiser und Kommunist.

Leid tut dir unsere Generation?
Die Mode ändert sich, die Mode ändert sich schon:
Ob du Tochter oder Sohn gebärst, na und,
ewig sind gleich sich Mensch und Hund.

1919.

Njegoš u Veneciji

Nasmešio se poslednji put.
U prozoru se sjaše kao zapeti luk,
kao Mesec u vodi, mlad i žut.
Rialto.

Mirisaše bolan svoje bele ruže
i gledaše kako galebovi kruže,
tužni i beli, ko misli na Lovćen,
i smrt.

Dok noć pljuštaše, čitaše Omira,
crn i težak, ko Ahilov,
što samo kraj mora nađe mira,
grob.

Bogovi, na plećima sa oblacima tamnim,
bolovi i mora sa valima pomamnim,
pređoše po njegovom bledom licu bez traga.

Ali, kad čitaše o Brizeji, što se budi,
i otvara oči, pune tame, u zori,
bol neizmeran pade mu na grudi.

Jer svemu na svetu beše utehe.
Svim mislima, za sve junake, i grehe.
Ali držeći glavu rukama obema,
suzno, umirući, pomisli, bolno,
da za oči neveste utehe nema.

Tada zaplaka u vodi i zvono
Svetog Marka.

Njegoš in Venedig

Er lächelte, ein letztes Mal.
Am Fenster glänzte, wie ein gespannter Bogen,
wie der Mond im Wasser, jung und gelb,
der Rialto.

Er roch schmerzerfüllt in seine weißen Rosen,
und schaute, wie Möwen kreisten,
traurig und weiß, gleich den Gedanken an Lovćen,
und an den Tod.

Während die Nacht herabfiel, las er Homer,
schwarz und schwer, wie Achilles,
der nur am Meeresufer Ruhe findet,
im Grab.

Die Götter tragen auf den Schultern dunkle Wolken,
Schmerzen und Meere sind gegangen mit tollwütigen Wellen
spurlos über sein blasses Gesicht.

Aber, als er las von Briseis, die gerad erwachte
und öffnete ihre Augen voll Dunkelheit, in der Morgenröte,
fiel ihm ein unermeßlicher Schmerz auf die Brust.

Denn alles auf der Welt fand einen Trost.
Alle Gedanken, alle Helden und Sünden.
Aber, den Kopf zwischen den Händen haltend,
sterbend, in Tränen und Schmerz, dachte er:
für die Augen der Braut gibt es keinen Trost.

Da begann zu weinen im Wasser auch die Glocke
von San Marco.

Reljef sa likom Danta

Anici Savićevoj

Kentavrima besnim malje u nosu
zatreptaše žudno, kopita im rosu
u mračne šume kad jurnuše dalje
ludim trkom sa viših pleća na kobile
prosu, po travi bludno.

Tvrđava zlatna gorela je i urlala.
Na žaru lomača jadra su buktala,
ropska vam mirisna tela
bludnim su vriskom nudeći se gola
pala, vijajući se oko mača.

Mostovi tanki zlatili se i sjali,
ko meseci na reci sa neba pali.
A kad ste prošle u svili,
narod je klečo, i prašinom se
vitlali stegovi i sveci.

Monasi strasni goli se sekli,
kraj buktinja strašni, i klekli
u ćilim vaših tela što krv i miro proli
na oštar šljunak, kojim su boli
i pekli rane kolena prašnih.

Mudraci su nagnuti vam u pleći
crtali čudne brojke, otkrivali sveći
u odećama crnim tajne, koje sluti
samo kamen drag, i vaš cvet
crveneći kao alem pakla sa dojke.

Relief mit Dantes Gesicht

Für Anica Savić

Den Zentauren zittert an der Nase Flaum,
die Hufe benetzt mit Tau, losgerissen vom Zaum,
als sie davonstürmen durch dunkle Wälder,
irre rennen, von den hohen Schultern fällt er
auf die Stuten und ins unzüchtige Gras.

Das goldene Schloß, es brennt und schreit.
In der Glut der Scheiterhaufen lodern Segel, seid bereit,
noch duften eure Sklavenleiber,
noch schreit ihr lüstern, erblicken nackt euch die Treiber,
bevor ihr stürzt, euch windend, ins Schwert.

Schmale Brücken schimmern golden und glänzen,
wie auf den Fluß herabgefallene Monde bei ihren Tänzen.
Aber wenn ihr vorbeischreitet, in Seide, wie in zartem Laub
kniet nieder das Volk, und im Staub
wirbeln Fahnen und Heilige.

Leidenschaftliche Mönche schneiden sich ins nackte Fleisch,
an schaurigen Fackeln vorbei, knien sie gleich
auf dem Teppich eurer Leiber, verspritzen Öl und Blut
auf spitzen Kies, es brennt die Glut
in den aufgestochenen Wunden ihrer staubigen Knie.

Über ihre Schultern beugen sich Weise,
zeichnen merkwürdige Ziffern, entdecken heiße
Kerzen im schwarzen Kaftan, deren Geheimnisse ahnt
nur der Edelstein, und wie eine Blume galant
errötet ein höllischer Rubin aus Brust.

Tad se rodi jedan koji vam telo
žalio istom žalošću neveselo
kao duh, on ga diže u prah medan,
providan, jutarnji, što bez traga
celo nebo rađa jezom čistom.

Dann wird einer geboren, der eure Leiber bedauert,
der trostlos um euch trauert
wie um den Geist, ihn hebt in Honigstaub empor,
durchsichtig, morgens, ohne Spur
gebärt ihn der Himmel als reines Schaudern.

Ljubav

Već prvi put kad si zbacila odelo
smešan mi beše tvoj pogled ohol.
Već prvi put mi ljubav beše samo bol.

Već prvi put mesto da slušah
u zori kako se topiš kao sneg,
ja jurnuh u šume gde upada breg,
i grane što pokrjah jecahu
kao moja duša.

U njih sam krio obraze moje
tople od tvojih grudi.
Nežnije no ruke tvoje
biljke sam pozno po stisku.

Strasnjie nego na tvoje grudi
pao sam na njih,
u bludnom, bezumnom vrisku.

Liebe

Schon beim ersten Mal, als du abwarfst das Kleid,
erschien mir lächerlich dein stolzer Blick.
Schon beim ersten Mal war unsre Liebe nichts als Leid.

Schon beim ersten Mal bin ich, statt zu lauschen,
wie du schmilzt im Morgenrot wie Schnee,
geflohen in die Wälder, deren Rauschen
hat umgestürzt den Berg; den Ästen rings ist weh
wie meiner Seele.

Meine Wangen hab ich gelegt in ihren Arm,
noch von deinen Brüsten warm.
Zärtlicher als deine Hand
hab ich der Pflanzen Berührung erkannt.

Leidenschaftlicher als deine Brust
greif ich sie, in ungehemmter Lust,
und ich schrei wie wahnsinnig dabei.

Oči

O koliko puta kad pred tobom
osetim: da želim
da ostavim za sobom
moje tužne misli
u očima ti bistrim, neveselim ...

O koliko puta
kad nam nad posteljom sat ućuti,
i na tvom pobledelom licu
od milja
primetim dosadu lutalicu ...

O koliko puta tad ustajem sam,
poguren i crn pa se zagledam
kroz mutan prozor u proplanke daleke.

I osetim da mi nije dosta ljubav nevesela.
Razočaran od tvog umornog tela,
radoznalo milujem bludne i meke
velike oči bilja.

Augen

O wieviele Male habe ich mit dir
gespürt: daß ich verlier
meine traurigen Gedanken
in deinen Augen,
den klaren, den kranken ...

O wieviele Male,
wenn überm Bett zu uns die Uhr nur schweigt,
seh ich, wie in dein Gesicht
statt Vergnügen Blässe steigt
und dich Langeweile sticht ...

O wieviele Male, wenn ich allein aufstehe,
beug ich nieder mich, daß ich im Dunkeln sehe
durchs trübe Fenster Lichter in der Ferne.

Und ich spüre: Mir genügt die kranke Liebe nicht,
dein müder Körper mir das Glück zerbricht,
neugierig liebkose ich die lüsternen Sterne
in den großen Augen der Pflanzen.

Vetri

Ne grli cvetne poljane moj glas.
Nikad me nisi čula još da ječim,
nikad me nisi videla da klečim,
nikad u mojim očima pljusnuo nije
begunac talas.

Daleko je ono, daleko,
što moje zdravlje pije.
Često zazvoni u noći, mirisno i meko.
Često je kao sunčana morska stena,
na kojoj sja jedini kamen koji cveta: mir.

Smrt moja zavisi od pevanja tica,
a nemam ja doma, ni imena.
Daleko negde stoje vite jele, snežna lica,
radi njih mi je drago da si poštena.

Moje vruće usne ne žude više
živa devojačka prebela tela.
Noću kad lutam u senci grada,
kraj raspeća, baština i groblja,
ne žudim za sinom,
ne planem za roblja.

Vetri će mesto mene kličući da jezde.
U vrtlogu kamenja i neba pašće, krikom,
u zavejane, mlade jele, i posuće im krila,
dahom našim, što će se slediti u zvezde,
negde... gde nisam bio... i gde nisi bila.

Winde

Meine Stimme rührt nicht die Blumenfelder.
Niemals hast du gehört, daß ich klage,
niemals hast du gesehen, daß ich kniee,
niemals hat in meinen Augen geplätschert
die flüchtige Welle.

Fern ist, fern ist,
mein Lebenswille.
Es läutet oft in der Nacht, duftend und weich.
Es ist wie ein sonniger Felsen im Meer,
dort schimmert der einzigartige Stein, blühend: Stille.

Ob ich sterbe, hängt vom Gesang der Vögel ab,
ich habe weder Haus noch Namen.
Irgendwo in weiter Ferne stehen schlanke Tannen, Schneegesichter,
ihretwegen bin ich froh, daß du anständig bist.

Meine heißen Lippen sind nicht mehr gierig
nach den lebhaften, schneeweißen Körpern der Mädchen.
Wenn ich nachts irre im Schatten der Stadt
an den Kruzifixen vorbei, Hinterlassenschaften, Friedhöfen,
sehne ich mich nicht nach einem Sohn,
empöre mich nicht für die Sklaven.

Die Winde werden statt meiner jauchzend eilen.
Im Wirbel der Steine, des Himmels werden sie schreiend stürzen
in die verschneiten, jungen Tannen, werden bedecken ihre Flügel
mit unserem Atem, der gefrieren wird in den Sternen,
irgendwo ... wo ich nicht war ... und du nicht warst.

Pod nebom, u ledu rumenom, gde zora spi,
disaće jele što disasmo mi
i stišaće zvezde osmehom i snagom,
što ih je vetrova talas,
odneo sa nas, odneo sa nas.

Bolnica u Opatiji, 1916.

Unterm Himmel, auf purpurnem Eis, schläft die Morgenröte,
dort werden die Tannen atmen, was wir atmeten,
werden die Sterne besänftigen mit Lächeln und Macht,
ein Windhauch
hat sie weggeweht von uns, hat sie weggeweht von uns.

Krankenhaus in Opatija, 1916.

Eterizam

Drugu Ivi Andriću

Moja je bajka:
da se u snu dok se spava
dobra čine, i da ništa
nije java.
Nismo znali a imali smo
čedo u daljini.

Rekao sam ti cvet jedan lak
ispuniće tvoje misli.
Sve osmehe koji su od bola svisli,
sačuvaće zrak
negde u daljini.

O ničeg nek te nije žao.
Zato sam ti tu misao dao
tužnoj goloj i beloj,
neveseloj.
Gledaj u jesen mirno,
kako se gubi dan
i ljubi.

Blago kao jedno zvono
da zazvoni u daljini
mišlju tom sam te dodirno.

Ätherismus

Dem Freund Ivo Andrić

Mein Märchen ist:
Daß träumend man im Schlaf
Gutes tut und nichts
ist Wirklichkeit.
Wir kannten es nicht und hatten es doch –
das Kind in der Ferne.

Ich habe dir gesagt, eine leichte Blume
wird deine Gedanken erfüllen.
Jedes schmerzhafte Lächeln
hütet Luft
irgendwo in der Ferne.

O du sollst nichts bedauern.
Diesen Gedanken gab ich nur dir, im Trauern
bist du nackt und weiß,
trostlos.
Sieh ruhig im Herbst,
wie man den Tag verliert
und liebt.

Sanft wie einer Glocke
fernes Läuten
habe ich dich mit diesem Gedanken berührt.

STIHOVI ULICA

STRASSENGEDICHTE

Karikatura

O da si samo jednom
pao po ženskom telu mednom
umirao bi rado.

Šareni prosjaci pod tvojom nogom
rikali bi uzalud za Bogom.
Osmeh bi ti razočaran i blag
padao sa krsta, kao golub
beo i drag.

A da nebo zagrmi
i raspe kamenje sa puteva strmi
u deveti čas.

Oči tvoje ne bi dizo krikom.
Zaogrnut modrim olujnim vidikom
umirao bi mirno posle slasti.
Mutnim bi okom gledao po nebu,
kako tama i užas rastu.
A iz žila plavih, nabreklih od hoda
kapala bi krv i voda,
na klečeći ženski stas.

Karikatur

O wärest du einmal nur
hergefallen über den Honigkörper einer Frau,
würdest du mit Freuden sterben.

Bunte Bettler dir zu Füßen
brüllten vergebens nach Gott.
Dein Lächeln, enttäuscht und mild,
fiele vom Kreuz, wie eine Taube,
weiß und liebenswürdig.

Aber würde der Himmel donnern
und Steine verstreuen von steilen Wegen
in der neunten Stunde.

Du würdest deine Augen nicht mit einem Schrei erheben.
Tiefblau umhüllt von der Gewitterfront,
würdest du besänftigt sterben nach erfüllter Lust.
Trüben Auges würdest du am Himmel sehen,
wie mit der Dunkelheit das Schaudern wächst.
Und aus blauen Adern, angeschwolln vom Laufen,
würden Blut und Wasser tropfen
auf die knieende Frauengestalt.

Bolesni pesnik

Nisam čovek, krv mi je mlaka
samo rosa
dalekih rumenih oblaka.

Razvratan kolut pod očima mojim
pečat je šuma,
sa bolom svojim.

Drveće puno pupova i zvezda
mesto mene živi.
Sve što sam ja reko
šaputaće vam meko
dalje noći.

One vas vode u moje
osmehe i grehe,
za mnom daleko.

Kranker Dichter

Ich bin kein Mensch, mein Blut ist schwach,
es ist nur Tau
ferner rötlicher Wolken.

Der verräterische Ring unter meinen Augen
ist ein Siegel der Wälder,
mit ihrem Schmerz.

Die Bäume sind voller Knospen und Sterne,
sie leben mein Leben.
Alles was ich einst sprach,
werden euch zärtlich flüstern
kommende Nächte.

Sie geleiten euch
in mein Lächeln und meine Sünde,
mir nach ins Ferne.

Nova serenata

Draga, tenorista više nema.
Na mesecu ne drema
Don Huan više.
Na glavi mi nije perjanica crna,
ni ruka puna bisernih zrna,
a noć ne miriše.

Na mrtvima sam proveo mladost,
tvoj mladež na dojci nije radost,
koja je nekad bila.

Pa i na tebi nije više svila,
sa ljudima radiš ceo dan,
za ljubav ne čekaš da cveta jorgovan,
ne gledaš sa tornja za mnom.

Al' nikad nisam zbog tebe plako,
niti sam našao u ljubavi pako,
ko otrov u cvetu tamnom.

Glava ti je bleda i čista,
niko ne zna kako tužno beše,
kad si mi došla, bleda a strasna,
vita kao dete, i prečista.

U mraku samo kad mi ideš,
a oči ti se bolno smeše,
čini mi se da ide mi krasna
prosta sirota mati božja.

Neue Serenade

Liebste, die Tenöre sind verschwunden.
Auf dem Mond hat keinen Schlaf gefunden
Don Juan.
Mein Kopf ist nicht von schwarzen Federn umhüllt,
meine Hände sind nicht mit Perlen gefüllt,
und die Nacht, sie fängt nicht zu duften an.

Die Jugend hab ich verbracht auf Leichen,
das Muttermal auf deiner Brust ist kein Zeichen
der Freude, wie ich sie einst hatte.

Und du trägst keine Seide mehr,
mit den andern arbeitest du, solang der Tag glüht,
wartest mit der Liebe nicht, bis der Flieder blüht,
schaust vom Turm nicht zu mir her.

Niemals habe ich um dich geweint,
niemals hab ich die Liebe als Hölle verneint,
wie ein Gift aus dunkler Blüte.

Dein Gesicht ist blaß und rein,
keiner weiß, wie traurig es aussah,
als du zu mir kamst, blaß und lüstern,
schmächtig wie ein Kind, und klein.

Im Dunkeln nur, wenn du zu mir läufst
und mit den Augen lächelnd seufzt,
scheint's mir, als komme hier die schöne
einfache und arme Mutter Gottes.

Moja Ravanica

Bludno gledam tvoju bogorodicu svetu,
što miriše ko grobovi u cvetu
pa me je stid da živim.

Nada mnom miriše u oblacima sivim
šuma tvoja fruška,
od tamjana kadionica srebrnih.

I dok zvezde gasi vetar lipa
ja se smrti divim.
Ona mi se čini jedina čista
i ponosna sudbina muška.

A ikona se blista.
I ko rumene oči,
vino što bela ruka toči,
zadiru mi u grudi dojke bele,
sa ranama sred vrha naga
Bogorodice tvoje.

Jedine drage pred kojom klečim,
jer na njoj ne mogu ni moje
bludne gorke oči nevesele
da ostave traga.

Mein Ravanica

Lüstern seh ich deine Gottesmutter, die heilige,
sie duftet nach blühenden Gräbern,
und ich schäme mich zu leben.

Über mir duftet in grauen Wolken
dein Wald der Fruškaer Berge
nach Weihrauch in Silberfäßchen.

Die Sterne erlöschen im Lüftchen der Linde,
und ich bewundre den Tod.
Er scheint mir als einziger rein,
stolzes männliches Schicksal zu sein.

Und die Ikone glänzt.
Wie rötliche Augen:
der Wein, den eine weiße Hand reicht,
es dringt in meine Brust der weiße Busen
deiner Gottesmutter,
voller Wunden auf der nackten Knospe.

Die einzige Geliebte, vor der ich knie,
denn auf ihr können selbst meine
lüsternen, bitteren, trostlosen Augen
keine Spur hinterlassen.

Mizera

Kao oko mrtvaca jednog
sjaje oko našeg vrta bednog,
fenjeri.
Da l noć na tebe svile prospe?
Jesi li se digla među gospe?
Gde si sad Ti?

Voliš li još noću ulice,
kad bludnice i fenjeri stoje
pokisli?
A rage mokre parove vuku,
u kolima, ko u mrtvačkom sanduku,
što škripi.

Da nisi sad negde nasmejana,
bogata i rasejana,
gde smeh vri?
O, nemoj da si topla, cvetna,
O, ne budi, ne budi sretna,
bar ti mi, ti.

O, ne voli, ne voli ništa,
ni knjige, ni pozorišta,
ko učeni.
Kažeš li nekad, iznenada,
u dobrom društvu, još i sada,
na čijoj strani si?

O, da l se sećaš kako smo išli,
sve ulice noću obišli
po kiši?

Elend

Wie auf einen Toten
scheint auf unseren Garten des Elends
die Laterne.
Ob die Nacht schüttet Seide über dich aus?
Hast du dich zu den Damen erhoben?
Wo bist du jetzt, in welcher Ferne?

Liebst du die Straße noch, nachts,
wenn die Hure, durchnäßt, unter der Laterne
ausharrt?
Und wenn die Gäule nasse Paare schleppen
in den Kutschen wie in einem Sarg,
der knarrt.

Bist du jetzt lächelnd irgendwo,
reich und zerstreut,
sprudelnd lachst du immerzu?
O, sei zu mir nicht warm und blumig.
O, sei nichts, sei unglücklich,
wenigstens für mich sei du, du.

O, liebe nicht, liebe nichts,
weder Bücher noch Theater,
all das Gescheite.
Sag, stehst du, bisweilen, plötzlich
in guter Gesellschaft, auch jetzt noch
auf unsrer Seite?

O, erinnerst du dich noch, wir liefen
im Regen nachts durch all die Straßen, triefend
und geduldig?

Sećaš li se, noćne su nam tice
i lopovi, i bludnice,
bili nevini.

Stid nas beše domova cvetnih,
zarekli smo se ostat nesretni,
bar ja i Ti.
U srcu čujem grižu miša,
a pada hladna, sitna kiša.
Gde si sad Ti?

Beč. U revoluciji. 1918.
Za studentesu, Idu Lotringer

Erinnerst du dich, für uns warn die Amouren,
die Räuber und die Huren,
nachts alle unschuldig.

Wir schämten uns für das blühende Treiben,
wir schworen, unglücklich zu bleiben,
wenigstens ich und du.
Im Herzen: eine Maus, sie nagt verwegen,
und es fällt ein kühler, feiner Regen.
Wo, jetzt, bist du?

Wien, während der Revolution, 1918.
Für die Studentin Ida Lotringer

Šala

Još sam ja veseo
mada se nećeš udati za mene.
Ta mladići su samo sene,
ne kupe novac, već uspomene.

Bićeš gospa gojna,
udata često malo,
a serenata nedostojna.

Ali će na dnu čestite duše
i građanskih žila,
kao gudalo iz daleka,
kao moja nevidljiva ruka,
svirati svaki leptir beo,
i svaki jastuk vreo.

Prijatelj moj mesec neveseo,
u strasne noći majske,
golicave bestidne rajske
pesmice, jer si ma časak samo
draga jednog popca bila
u travi.

I kad tada ostanete nasamo
imaće tvoj mužić
grdnih muka.

Scherz

Noch bin ich heiter,
magst du mich auch nicht heiraten.
Schatten nur sind deine Jungen,
sammeln statt Geld Erinnerungen.

Fette Dame, vollgestopft mit Schokolade,
bist du, verheiratet mal ab und zu,
unwürdig für eine Serenade.

Aber im Abgrund anständiger Seelen
und bürgerlicher Adern,
– ein Geigenbogen darf nicht fehlen,
und meine unsichtbare Hand –,
werden Schmetterlinge spieln, die weißen,
auf Kissen, wie du weißt, den heißen.

Mein Freund, der trostlose Mond,
in den wilden Nächten des Mai,
reizend, schamlos, paradiesisch, frei,
summt Liedchen, just hat sich gelohnt
der Spaß, daß du Geliebte einer Grille warst
im Gras.

Und seid ihr dann allein, zu zweit,
wird dein Männlein
haben großes Leid.

Dosada

O, kako ti je ime gadno,
al divna sudba, drago moje jadno.
Plači samo od tuge i milja
i ostani uvek draga nerodilja.

Nek pljušti kiša besa i srama,
niko neće ostat za nama.
Nek se oni vrte kao šaren vrt,
ko će nam zabranit da volimo smrt.

Ulice su nam deca i druzi,
neće naš stid u čedu da puzi.
Nije za život tvoj pogled ohol,
nego za slast i san i bol.

Ne daj da naše duše padnu
i nastave ljubav našu jadnu,
naš gorak nesretan zagrljaj,
nek bude svemu u tebi i meni
grob i kraj.

Langeweile

Ach, schon dein Name ekelt mich,
Liebste, dein Schicksal ist phantastisch kläglich.
Heul nur aus Lust, heul nur aus Leid,
bleibst stets die geliebte Unfruchtbarkeit.

Wut und Schande prasseln auf uns nieder,
nach uns kehrt hierher niemand wieder.
Harren sie unser im bunt wirbelnden Garten,
niemand kann uns verbieten, heiter den Tod zu erwarten.

Die Straße gehört uns Kindern und Gesellen,
Urteile wird unsre Scham nicht über Kinder fällen.
Nichts fürs Leben ist dein stolzer Blick,
Lust und Traum und Schmerz kehren in ihm zurück.

Spürst du nicht, wie unsre Seelen fallen,
fortzusetzen unsre Liebe, kläglich in allen
Umarmungen, ist kein Genuß,
alles ist eingestellt in dir und mir
auf Grab und – Schluß.

Pod Krkom

Ležim pod jarbolom belim.
I plovim po zrcalu srebrnom
beskrajnom.

Predamnom na otoku tamnom i crnom,
sa jednim manastirom neveselim,
kao tajnom.

I mislim: i da ga ima tamo gore,
ako me vidi pod jedrom sanog,
u kom se zraci plode.

More, i ja ostajem tužan
ipak svake zore.
I ostavlja me zagledanog
u bezdane vode.

Bei Krk

Ich liege unterm weißen Mast.
Und segle übern Silberspiegel,
grenzenlos und ohne Last.

In dunklem Schwarz vorn auf der Insel ist
ein Kloster, trist,
und wie verwunschen.

Und ich denke: gäb es ihn da oben bloß,
würd er mich sehn in diesem Segel-Traum,
umgeben von leuchtendem Strahlensaum.

Meer, auch ich bleibe traurig,
in jedem Morgenrot.
Blicken läßt es mich vom Boot
ins Wasser, grundlos.

Möglicherweise ist nicht die Adria-Insel Krk gemeint, sondern der Fluß namens Krka, der mehrere große Wasserfälle hat, unter die man sich stellen kann. Der deutsche Titel müßte dann lauten „Unter der Krka". Mit der im Gedicht erwähnten Insel wäre dann vermutlich die Flußinsel Visovac gemeint, auf der sich ein 1445 gegründetes Franziskanerkloster inmitten einer stillen, wunderbaren Landschaft befindet. Aber auch auf der Meeresinsel gibt es verschiedene Klöster. Zumal sich Crnjanski zwischen 1912 und 1915 sehr häufig in Rijeka aufhielt, ist es wahrscheinlicher, daß er sich auf die Insel Krk bezieht. (Den Hinweis auf den Fluß Krk verdanke ich Elvira Veselinović. V.K.)

Na ulici

Kad svetiljke sinu
i ulice pođu u visinu,
u tami stojim ja.
Na svemu što prođe
moj osmeh zasija.

Nestanu boli, okovi i laž,
od mog pogleda zavisi sva draž,
svega što prođe.
Žene prolaze i oblik gube,
smeše se, pa mi priđu da me ljube,
i ja im novu senku dam.

I dok tiho zamagli noć,
ulice pune seni,
ja imam neba bezgraničnu moć,
svi boli sveta skupe se u meni.

Ko cvetići beli sa Meseca
rađaju se po ulici deca.
Od smeha mog umire dan,
a svakoga kog pogledam,
stiže moja sudba, sreća i san.

Kad mahnem rukom, nehotice,
nove zvezde sinu.
Tad sjajan, tužan, ceo grad,
liči na moje lice.

A da me vide, svi u nebo idu,
po ulici zvezda i srebra.
Ja stojim raspet sam na zidu,
a Mesec mi blago probada rebra.

Auf der Straße

Die Lichter beginnen zu scheinen,
die Straßen steil anzusteigen,
in der Dunkelheit stehe ich.
Auf allem, was vorübergeht,
glänzt mein Lächeln.

Schmerz und Ketten und Lüge verschwinden,
alles, wohin ich blicke, gewinnt Anmut wieder,
alles, was vorübergeht.
Frauen laufen vorbei und verlieren ihre Gestalt,
lächeln, kommen zu mir, um mich zu küssen,
und ich verleihe ihnen einen neuen Schatten.

Und während sich in Nebel hüllt die Nacht,
die Straßen sich mit Schatten füllen,
besitze ich des Himmels grenzenlose Macht,
die Schmerzen aller kann ich fühlen.

Wie Mondblüten, weiß,
werden auf der Straße geboren die Kinder.
Von meinem Lachen stirbt der Tag,
jeden, den ich erblicke,
ereilt mein Schicksal, Glück und Traum.

Wenn ich winke mit der Hand, ohne Zutun,
erscheinen neue Sterne.
Leuchtend, traurig, die ganze Stadt
ähnelt meinem Gesicht.

Um mich zu sehen, gehen alle über den Himmel
auf der silbernen Sternenstraße.
Ich stehe allein an der Mauer, gekreuzigt,
und der Mond durchsticht sanft mir die Rippen.

Trag

Želim:
da posle snova
ne ostane trag moj na tvom telu.

Da poneseš od mene samo
tugu i svilu belu
i miris blag...

puteva zasutih lišcem svelim
sa jablanova.

Bolnica u Salcburgu, 1917.

Spur

Ich verlange:
daß nach den Träumen
auf deinem Leib bleibt von mir keine Spur.

Daß du weiterträgst von mir nur
Trauer, weiße Seide, Staub
und den zarten Duft ...

der Wege, bestreut vom welken Laub
der Pappeln.

Krankenhaus in Salzburg, 1917.

Smiraj

Setim se, kako su, u ljubavi,
dragi, prvi dani.
Kad su ruke tople,
kad se oči slede,
preletajući one kutove blede,
oko usana...

Što drhte, protkani,
mutnom tišinom,
u kojoj su osmeh i tuga pomešani
nesigurno i tamno.

Klatno zvona
teško i tmurno
u grudi udari me.

Tad se dižem,
i, u mutna okna prozora,
puna sitnih glasova večeri,
šapućem, nesigurno,
i moje ime.

Bolnica u Salcburgu, 1917.

Beruhigung

Ich erinnere mich, reizvoll sind
in der Liebe die ersten Tage.
Werden die Hände warm,
erkalten die Augen
und beobachten die blassen Klippen
um die Lippen ...

Ihr Zittern ist durchwirkt
von trüber Stille,
in der sich Lachen und Weinen mischen,
Dunkelheit dazwischen.

Ein Glockenschwengel
schwer und düster,
stößt mich an der Brust.

Dann steh ich auf,
und, ins trübe Fensterglas
voller flüsternder Abendstimmen
hauche ich, ungelenk,
auch meinen Namen.

Krankenhaus in Salzburg, 1917.

Pesmica

Reci, kad bi moj osmeh bled,
rastopio se kao cvet
pola san a pola led.

Kad bih još jednom
mogao da volim...

Da li bi mi tad bilo dobro svud,
i život bio manje lud?

Ili bih i tad kao sad
morao da se smešim i razbolim,
i da umrem?

Kad bih još jednom
osetio da volim, volim?

Liedchen

Sag, wenn mein blasses Lächeln
schmilzt wie eine Blume
halb Traum, halb Eis.

Wenn ich noch einmal
lieben könnte …

Ginge es mir gut dann, überall,
und wäre weniger irre das Leben?

Oder müßte ich wie eben
lächeln und krank sein
und sterben?

Wenn ich noch einmal
fühlte, daß ich liebe, liebe?

Pesma

Kad raširim ruke
u žutom lišću, što zasipa jauke,
sine neka strašna, mutna moć.
I plane i drhti cela
oko moga zavičaja nevesela
u slasti ludoj, puna zvezda, noć.

I kad me se sete
šume radosno, stidno zarumene.
A ikone stare zasjaje u mutnom zlatu
kad vide mene.

Pružim li ruke, raspašu se žene,
padaju na kolena, i plačem porodilja
klanjaju se meni pune tužnog milja
i kliču, da ih ja zagrlim prvi, prvi:
jer moje su ruke mokre
od krvi, krvi.

Lied

Breite ich die Arme aus
im gelben Laub, das bedeckt die Klagen,
erscheint die wüste, finstere Macht.
All das Zittern und Zagen
in meiner trostlosen Heimat
entflammt in irrer Lust die gestirnte Nacht.

Und wenn ihr euch an mich erinnern wollt,
fröhliche Wälder, ihr errötet vor Scham.
Und ihr Ikonen, alte, glänzt in trübem Gold,
wenn ihr mich seht.

Strecke ich die Hände aus, entgürten sich die Frauen,
fallen auf die Knie und verneigen sich vor mir,
schluchzend wie Wöchnerinnen, voll Wonne und Grauen,
jauchzen sie, daß ich sie als erster, erster tauche in die Flut
denn naß an meinen Händen klebt
das Blut, Blut.

Moja pesma

Duša je moja bogat seljak,
pijan veseljak,
u zavičaju.
Miluje golu ženu što spava,
tvrdo, ko pleća gojnih krava,
u žitu, kud noći pune crnih vrana,
padaju.

Svet je prošla samohrana,
u krvavom plaštu šerežana,
ko ubica.
Stajaše tužna, zavejana,
na straži, u kapijama,
brkata, blago nasmejana.

Kraj crkve tuđe i nepoznate,
zapaljene,
u duge, jasne, tople noći,
kad krekeću žabe barske,
grlila je razne žene.
A danju je čuvala dvore carske
i korakom brojala sate.

Na javi je duša moja bogat seljak,
veseljak.

Samo u snu, ko Mesec bleda
i tako ko on nevesela,
po svetu bludi.

Gondola jedna ćutke je skrije
u besdane vode Venecije,

Mein Lied

Meine Seele ist ein reicher Bauer,
ein fröhlicher, ein schlauer,
in der Heimat.
Liebkost sie eine nackte Frau im Schlaf,
hart, wie Schultern, gut genährt, vom Schaf,
stürzen die Nächte, voll schwarzer Krähen,
in die Saat.

Sie hat durchwandert die Welt auf sich gestellt,
im blutigen Mantel des Sergeanten, halb Held
halb Mörder.
Traurig aufgepflanzt ist sie und hält
Wache, am Tor, gequält
im Schnurbart ein mildes Lächeln.

Neben einer Kirche, fremd und unbekannt,
geriet sie in Brand,
in langen Nächten, klar und warm,
beim Konzert der Frösche im Morast,
hielt sie viele Frauen im Arm.
Tags hat sie bewacht des Kaisers Palast
und gezählt, wie die Zeit ging ins Land.

Wach ist meine Seele ein reicher Bauer,
ein schlauer.

Nur im Traum, blaß wie der Mond,
ihm gleich unverschont,
irrt sie durch die Welt.

Eine Gondel versteckt sie einsilbig
in den grundlosen Wassern von Venedig,

sanu, umornu, razočaranu,
na karnevalu.

I kad tu njen gitar zazvoni,
od pesme što plače i voli,
svu vodu, zvona, i maske, tamo,
noć toliko zaboli:
da ućute i pitaju tiho,
"Kakav je to Slaven bio,
na Rivi dei Skjavoni?"

Garnizon u Komoranu, 1918.

müde, schläfrig, schal,
ist sie beim Karneval.

Und dann, wenn beim Gitarrenklang
von Tränen und Liebe ein Gesang
das Wasser, die Glocken, Kostüm und Kleid,
die ganze Nacht erfüllt mit Leid,
daß verstummend alle leise fragen:
„Wessen Slawen war das Klagen
an der Riva degli Schiavoni?“

Kaserne in Komoran, 1918.

Srp na nebu

Ti nezaboravljena moja
na rodnom polju iznenadna ženka,
ostaj mi senka, senka.

Ko redovi zarđalih kosa
kukuruz je na suncu zreo.
Teška si bila, vrela i bosa
kao snop žita kad se razgrne.
Oči ti behu male al crne
kao rupice na fruli.
Kad mi na tebi svaki zglavak vreo
od slasti poče da trne
raširila si se, i uzdrhtala,
ko zemlja ispod grana trulih.

U crnom dugom svilenom plaštu
po svetu bludim.
I svud gde stignem šapatom budim
bolan osmeh, suze i maštu.

Sviram smrt,
al mi gudalo rasipa nehotične zvuke.
A zidove mrtve i oblake što plove
blago mi miluju ruke.
Jednako ćarlija kao dalek vrt
tragom mojim senka moja,
puna žita i neba vedra,
vrela kao jedra nedra tvoja.

I dok mi se noću preplíću na ruci
gole žene, i zvuci
krvavih nakita strašnih,

Himmlische Sichel

Unvergeßlich, was wir hatten,
Unverhoffte, auf dem Feld,
bleib mein Schatten, Schatten.

Wie rostige Sensen in Reihen
reifte der Mais in der Sonne.
Schwer warst du, heiß und entblößt,
ein Bund geschnittenen Korns, das sich öffnet.
Deine kleinen, schwarzen Augen
glichen Löchern einer Flöte.
Als ich auf dir mit ganzem Leib entflammte,
zu schaudern begann vor Lust,
hast du dich zitternd ausgebreitet,
wie Erde unter einem morschen Ast.

Im schwarzen, langen Seidenmantel
irre ich durch die Welt.
Überall, wo ich entlangstreife, beschwört mein Flüstern
schmerzhaftes Lächeln, Tränen und Träume.

Ich spiele den Tod,
meine Geige verstreut unerhörte Klänge.
Leblose Mauern und segelnde Wolken
liebkosen meine Hände zärtlich.
Einem fernen Garten gleich
streicht über meine Spur der Schatten, leicht,
duftend nach Himmel und Korn,
heiß wie in deiner Brust der Zorn.

Und nachts verschmelzen auf meiner Hand
nackte Frauen, Lärm,
abscheulicher, blutiger Schmuck,

teške svile i listovi prašni,
čim pred zoru svane,
nebo mi je rosno ko ravne poljane,
a Mesec se nad njima sja
kao srp.

Garnizon u Komoranu, 1918.

schwere Seide, staubiges Laub,
im Morgendämmer,
ist mein Himmel taubenetzt wie flaches Land,
darüber glänzt des Mondes
Sichel.

Kaserne in Komoran, 1918.

srp: Sichel, bildet ein Wortspiel mit srpski (serbisch), vgl. Peter Urban (1967, S. 32); in der Ausgabe von 1919 folgen aufgrund eines Druckfehlers am Ende von *Srp na nebu* fünf weitere Strophen – das sind die Strophen von *Ich, du und all die Pärchen von heute* der vorliegenden Ausgabe.

Ja, ti, i svi savremeni parovi

Ceo nam je dan dug, i dosadan.
Do večeri, kad se, krišom, sastajemo.
Poljubac jedan, brz, i negledan,
dosta nam je. Da se svetu nasmejemo.
Da odemo u noć, kao da smo krivi.
Lako, kao tica, koja kratko živi.

Naš viti korak ne vezuje brak,
ni nevini zanos zagrljaja prvih.
Nego osmeh lak, što cveta u mrak,
na usnicama sa dve-tri kapi krvi.
Ruke nam ne drhte, od stara prstenja,
nego od žudi, straha i sažaljenja!

Ah, nije taj strah samo naš uzdah,
kad vidimo šumu, kako lako cveta.
Nego je to plah, isprekidan dah,
kojim bi nekud dalje, sa ovoga sveta.
U Slobodu, kud, nad nama, grane jezde.
U prah mirisan, kud lipe raspu zvezde?

Uzeše nam čast, ali svetli slast,
nebesna, kao ponos, na našem licu!
Naša je strast gurnula u propast:
laži, zakone, novac, i porodicu.
Od poniženja nam je klonula glava,
al nam se, u telu, proleće spasava!

Naš tužan osmeh blagosilja greh;
žig onih koji ljube, na svetu celom.
Ceo nam je dan dug, i dosadan,
i prolazi u ćutanju neveselom.
Tek uveče, slobodan ko u travi cvet,
ja te čekam. Na jednoj klupi. Razapet.

Beogradski univerzitet, 1919.

Ich, du und all die Pärchen von heute

Langweilig ist der ganze Tag, und lang.
Bis wir uns am Abend heimlich treffen.
Ein Kuß, ein einziger, schnell und bang,
genügt. Damit wir lachen über diese Welt.
Flüchten wie Verbrecher in die Nacht,
leicht, wie der Vögel kurze Pracht.

Unsern ungestümen Schritt bindet keine Ehe,
auch nicht die Unschuld erster Berührung unsrer Rippen,
sondern das leichte Lächeln, damit es im Dunkeln geschehe,
mit zwei Tropfen Blut auf unsren feinen Lippen.
Keine alten Ringe lassen uns zittern und bangen,
sondern Furcht, Mitleid und Verlangen!

Ach! Diese Furcht ist nicht nur unser Klagen,
wenn wir sehn, wie zart der Wald kann blühn.
Sondern die Angst, wenn scheu wir wagen,
irgendwohin weiter, in eine andre Welt zu ziehn.
In die Freiheit, wohin sich, über uns, die Zweige erheben, ins Ferne.
In den duftenden Staub, von Linden verstreute Sterne?

Die Ehre wurde uns geraubt, aber es strahlt die Lust,
himmlisch, auf dem Gesicht: der Stolz als Held!
Unsere Leidenschaft hat um den Untergang gewußt
von Lüge, Gesetz, Familie und Geld.
Demütig haben wir den Kopf gesenkt,
aber der Frühling hat sich unseren Leibern geschenkt.

Unser trauriges Lächeln segnet die Sünde,
das Zeichen aller, die sich lieben auf der Welt.
Langweilig ist der ganze Tag, und lang,
und trostlos hält das Schweigen an.
Am Abend erst, wie eine Blume frei, erwartend dich,
auf einer Bank. Gekreuzigt: ich.

Universität Belgrad, 1919.

Narodni vez

Krv mi veze vez po duši,
strašću me životinja guši,
i tka mi u život tlo:
zavičaj moj, ravnicu što zre
gde pijan raspasan seljak mre,
u krvi što je svo dobro, ne zlo.

Zato mi nebo svo
mirno u osmehu izumre.
Tih mi je plač a grohotan smeh,
kad se u zoru probudim prvi
ništa mi nije zabran, ni greh.
Ceo je svet za mene vez
pun šara moje krvi.

Šara bez smisla, broja i reda,
tankih ko izoran crv.
Beskrajan kao nebo nada mnom
ne marim šta će sa mnom,
pun smeha, smrti, stoke i greha,
na meni sudbinom tamnom
vez veze moja krv.

Volkstümliche Stickerei

Durch die Seele stickt das Blut mir eine Stickerei,
voll Lust würgt mich das Tier dabei,
und webt mir ins Leben den Grund:
Heimat, meine, Kornebene, wund,
wo der Bauer trunken und entgürtet stirbt
im Blut, daß alles gut ist, nicht verdirbt.

Darum mir der ganze Himmel
ruhig im Lächeln stirbt.
Still weine ich, Gelächter hallt,
wenn ich als erster erwache in des Morgens Glut,
nichts ist mir verboten, keine Gewalt.
Die ganze Welt für mich ist eine Stickerei
voller Verzierungen von meinem Blut.

Verzierungen ohne Sinn, ohne Ordnung und Zahl,
dünn wie ein ausgepflügter Wurm.
Grenzenlos wie der Himmel und schal,
was kümmert mich ihre Gestalt
voller Lachen, Tod, Vieh und Gewalt,
durch das dunkle Alltagsallerlei
stickt mein Blut eine Stickerei.

Ljubavnici

Niko nas neće podeliti više,
na dobre i grešne.
Tajni smo kao grane snežne,
a sve što je staro u ljubavi,
plače sve tiše.

Još malo samo, pa ćemo sumorni,
sa osmehom tužnim,
u strastima ružnim,
stati, bolni, bledi, umorni.

U bilju, ili nečem drugom, moćnom,
nad proplankom jedne šume mlade,
naći ćemo opet svoje nade.
U mirisnom nebu noćnom.
Nade svih koji se bolno smeše.

I, kad, opet, kao večni cvet,
nad telima umornim,
nebesa zaplave.
I zagrljaj opet bude svet,
kao zlato oko svete glave,
sa tamjana mirisom sumornim.

Nećemo znati koji greh to beše,
među gresima što ko oblaci plove,
što nam ta tela i duše dade
divne i nove.

Liebende

Uns wird trennen niemandes Wille,
die Sünde ist uns noch das Beste.
Geheimnisvoll sind wir, verschneite Äste,
und wer liebend altert,
weint für sich in Stille.

Nur ein wenig noch: Uns wird gehören
mit traurigem Lächeln, als hättest du es gewußt,
die schaurige Lust,
krank und blaß und müde, wen noch werden wir betören?

In Kräutern, oder etwas anderem, Mächtigen,
auf einer Lichtung unter jungen Linden
werden wir unsere Hoffnungen wiederfinden.
Unterm Nachthimmel, dem prächtigen.
Die Hoffnungen aller, die schmerzerfüllt lächeln.

Und wenn, wieder, wie die ewige Blume
über den Leibern, müd,
der Himmel blaut.
Und wird die Umarmung wieder heilig gesprochen,
und das Haupt in Gold getaucht
mit dunklem Weihrauch.

Wir werden nicht wissen, unter welche Sünde wir gekrochen
sind von all den Sünden, scheu,
die uns Leib und Seele schenken,
wunderbar und neu.

Molitva

Oče naš
senko sveta seda pogurena
na drvenoj ragi.
Sa loncem razbijenim na glavi
i očima punim vetrenjača plavih.

Oče naš
sin je tvoj bedniji od bilja,
strasniji nego cvet,
nestalniji nego vetar zore,
sumorniji nego more,
i sam, sasvim sam.

Oče naš
sin tvoj je bolji nego anđeli
ali nikom pomoći ne može.
Ljubi krpe kao zlatnu krunu,
a u osmehu krije toliku zabunu
koliko je nema u proleće i majci.

Oče naš
ali sin tvoj nema više moći,
da se u štalama na putu u noći
ičem od smrti nada.

Gebet

Vater unser,
Schatten, heiliger, ergrauter, buckliger,
auf der hölzernen Schindmähre.
Mit zerbeultem Topf auf dem Kopf
und Augen voll blauer Windmühlen.

Vater unser,
elender als Stroh ist dein Sohn,
lüsterner als die Blüte,
unbeständiger als der Morgenwind,
düsterer als das Meer,
und allein, vollkommen allein.

Vater unser,
besser als ein Engel ist dein Sohn,
aber niemandem kann er helfen.
Er liebt die Lumpen wie die goldene Krone,
sein Lächeln stiftet mehr Verwirrung
als das Frühjahr und die Mütter.

Vater unser,
aber dein Sohn, er hat nicht mehr die Macht,
wenn er im Stall verbringt die Nacht,
auf etwas Tod zu hoffen.

Epilog

Da li da pevam profesorima
što su kritici vični,
što ištu, ištu optimizam,
pod papučom, revmatični?

Ili našim gospođama,
što vole božićne priče,
što se plaše roda nad nama,
i ne trpe da prosjak viče.

Ili ću velikim patriotama,
što govore samo o seljaku,
što ne sme mirisat na balegu,
nego na mesečinu mlaku?

Ili ću tamo, gde grde
samoubice, i tvrde:
da je to pariski uticaj?

Ne, tom je kraj!
Na Itaki će da se udari
u sasvim druge žice.
Svejedno da li ja
ili ko drugi.

1919.

Epilog

Soll ich für die Professoren singen,
die kundigen Kritiker,
die rheumatisch mit dem Pantoffel
um ihren Optimismus ringen?

Oder für unsere vornehmen Damen,
die in Weihnachtsmärchen kramen,
sich erschrecken vor ihrem Stand
und nicht ertragen des Bettlers Hand?

Oder für die großen Patrioten,
der Bauer, den sie meinen,
riecht nicht nach Mist,
er läßt sich mild vom Mond bescheinen.

Oder soll ich dorthin, wo man bezichtigt
die Selbstmörder, und gleich beschwichtigt:
das sei der Pariser Einfluß?

Nein, damit ist Schluß!
Auf Ithaka werden angeschlagen
vollkommen andere Saiten.
Gleichgültig, ob ich es bin
oder ein anderer.

1919.

Nachdichtung: Viktor Kalinke & Cornelia Marks

PRIVIĐENJA

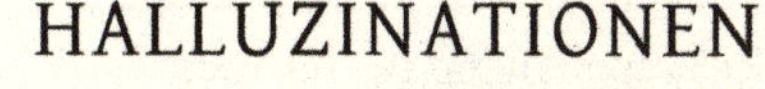

HALLUZINATIONEN

Sumatra

Sad smo bezbrižni, laki i nežni.
Pomislimo: kako su tihi, snežni
vrhovi Urala.

Rastuži li nas kakav bledi lik,
što ga izgubismo jedno veče,
znamo da, negde, neki potok,
mesto njega, rumeno teče!

Po jedna ljubav, jutro, u tuđini,
dušu nam uvija, sve tešnje,
beskrajnim mirom plavih mora,
iz kojih crvene zrna korala,
kao, iz zavičaja, trešnje.

Probudimo se noću i smešimo, drago,
na Mesec sa zapetim lukom.
I milujemo daleka brda
i ledene gore, blago, rukom.

Beograd, Braće Nedića 29, 1920.

Sumatra

Jetzt sind wir sorglos, zärtlich, leicht.
Und denken: wie still, verschneit,
sie sind, die Gipfel des Ural.

Wenn traurig stimmt uns, blaß, eine Gestalt,
die wir verlieren eines Abends,
wir wissen doch, daß, irgendwo, irgendein Bach
statt ihrer rötlich blinkt im Wald.

Jene Liebe, morgens, in der Fremde,
schnürt uns die Seele immer enger ein,
grenzenlos: die Stille blauer Meere,
in denen rot Korallen schimmern,
wie Kirschen daheim.

Nachts erwachen wir und lächeln, liebevoll
zum Mond, der seinen Bogen spannt.
Und wir streicheln ferne Berge
und vereiste Gipfel, sanft, mit unsrer Hand.

Belgrad, Braće Nedića 29, 1919.

Stenje

Danas sam bio tako veseo!
A sad? Gle, jedva dišem,
sa osmehom mutnim, umorno.

Daleko, negde, iza škotskih obala,
diže se, iz mora, modro stenje,
tako grdno, tako pusto, sumorno.

Ja ga se setih! Ja ga vidim!
Njegova modrina mrsi mi dušu,
i mene obuzima grozna jeza,
i neka, beskrajna, žalost.

Predosećano, u Beogradu, 1920.

Felsen

Wie heiter war ich heute!
Doch jetzt? Sieh nur, ich atme schwer,
lächle, finster und müde.

Fern, irgendwo, hinter der schottischen Küste,
erhebt sich aus dem Meer ein blauer Fels,
so ungeheuerlich, so einsam, düster.

Ich besinne mich, ich sehe ihn!
Sein Blau verwirrt meine Seele,
Schaudern ergreift mich, grauenvoll,
und, grenzenlos, die Trauer.

Vorgefühlt, in Belgrad, 1920.

Nachdichtung: Viktor Kalinke & Cornelia Marks

Poslanica iz Pariza

Život vaš i telesa još su tvrda
a zidanja krivudava, neoprezna,
no ja vas mirno gledam sa brda
i znam što još niko ne zna.

Tela će vam se izgubiti
i krv biti sve tanja i tanja;
zanemeli ćete ljubiti
vrhove cvetnih trešanja.

Dolazim skoro a doći će i dan
kad će dosadanje biti svejedno,
kad će i vaš dah biti iskidan
i strešćete se već jednom čedno...

Sa osmehom jutarnjim jednom i vi
zaigrati, sa srebrnim lukom,
u bezdan nebesa biserno sivi,
sa Šara,
sa Velebita,
sa Fruške gore.

Zatrešću višnje iznemoglom rukom,
na gradove vaše bele,
da ućutkam jednom drečeće gajde
i pijanke nevesele.

Osetićete da i vama ide san
i stojati pod nebom suzno goli;
i leći ćete i vi u travu zvezdanu,
gde ništa više ne boli...

Ispuniće se pesničke ludosti,
i, kad prva proletnja noć zaplavi,
videću ja još vas i život kako igrate,
na nebesima, a ne na javi.

Sendschreiben aus Paris

Fest gefügt ist euer Leib, ist euer Leben noch,
krumm stehen eure Häuser, unvorsichtig hoch,
ruhig seh ich euch von einem Berg, von oben,
und weiß, was niemand wird erproben.

Eure Leiber werden sich verlieren,
dünner und dünner wird euer Blut;
schweigend werdet ihr nach Küssen gieren,
nach der Kirschen Blütenflut.

Dann werde ich kommen und mit mir der Tag,
an dem alles Vergangene gleichgültig ist,
auch euer Atem wird keuchend und zag,
ihr schaudert davor, daß alles zerfließt …

Im Lächeln jenes Morgens werdet auch ihr
tanzen, mit silbernem Bogen,
in des Himmels grundlos graues, perlendes Hier,
vom Gipfel des Šar,
des Velebit,
und der Fruškaer Berge.

Die Weichseln schüttle ich mit schwacher Hand,
auf eure weißen Städte,
damit verstummen die plärrenden Dudelsäcke
und die trostlosen Gelage auf dem Land.

Ihr werdet spüren: auch zu euch kommt der Traum,
wenn ihr nackt unterm Himmel steht und weint;
wenn ihr euch bettet auf Sternenflaum,
wo ihr allen Schmerz verneint.

Wenn sich erfülln des Dichters närrische Romanzen,
ist das Blau der ersten Frühlingsnacht verblichen,
werd ich noch sehen euch, ihr werdet tanzen,
in Himmeln, nicht im Wirklichen.

Novo pokoljenje

Naše je lice bledo bez znaka,
kao mesec nad vodama beskrajnim,
ali sa kolutom mutnim i tajnim
na očima, sjanim
kao kruna laka.

Bol jednog jablana
više nas takne,
no svele grudi naših dragana.
A kad neko što tužno rekne
o mladosti il životu bednom,
naš osmeh sa strašću bolnom ali mednom
zaspi, u proplanku jednom.

I mesto žena sa tihim drhtanjem
nebo je naša boljka,
mami nas, šapuće strasno i meko:
da od rumeni naših usana
negde daleko,
puna jednog bisera slana,
raspuče jedna školjka.

I tako bez moći
nesretni smo i ljubljeni ko noći.
I tako bez snage
vladamo svetom, u jeseni blage.

Pomešali smo ljubav i oblake,
a sudbu našu sa lišćem i biljem.
Gorke zakone i osmehe tužne i lake,
što sve kidaju strašću i miljem.

Neue Generation

Unser Gesicht ist zweifelsohne
blaß wie der Mond überm Wasser, grenzenlos,
mit Ringen, um die Augen,
finster geheimnisvoll, es schimmert groß
wie eine zarte Krone.

Der Schmerz einer Pappel, die aufragt,
berührt uns mehr
als die welken Brüste unserer Geliebten.
Wenn jemand etwas traurig sagt
über die Jugend, das Elend oder die Dichtung,
unser Lächeln voll schmerzhaft süßer Leidenschaft,
schläft ein, auf einer Waldlichtung.

Und statt den Frauen gilt mit leisem Beben
dem Himmel unser Leid,
er lockt uns, flüstert leidenschaftlich, mild:
daß von unsrer Lippen rotem Licht,
in der Ferne, irgendwo, weit,
von einer salzigen Perle erfüllt,
die Muschel aufbricht.

Unglücklich sind wir, ohne Macht,
und werden geliebt wie die Nacht.
Wir regieren, ohne Held,
im milden Herbst, die Welt.

Die Liebe haben wir mit Wolken vermischt,
und unser Schicksal mit Laub ohne Saft.
Scharfe Gesetze mit Lächeln, das traurig zischt,
zerfetzen sie alles mit Wonne und Leidenschaft.

I tako bez nade
mesto u nas verujemo u šume mlade.
I tako bez moći
nesretni smo i ljubljeni ko noći.

Naše je lice bledo, bez znaka,
kao mesec nad vodama beskrajnim,
ali sa kolutom mutnim i tajnim
na očima, sjajnim
kao kruna laka.

Wir wähnen, ohne Hoffnung,
anstatt uns die Wälder jung.
Unglücklich sind wir, ohne Macht,
und werden geliebt wie die Nacht.

Unser Gesicht ist zweifelsohne
blaß wie der Mond überm Wasser, grenzenlos,
mit Ringen, um die Augen,
finster geheimnisvoll, es schimmert groß
wie eine zarte Krone.

Stražilovo

Lutam, još, vitak, sa srebrnim lukom,
rascvetane trešnje, iz zaseda, mamim,
ali, iza gora, zavičaj već slutim,
gde ću smeh, pod jablanovima samim,
da sahranim.

I ovde, proletnje veče
za mene je hladno,
kao da, dolinom, tajno, Dunav teče.
A, gde oblaci silaze Arnu na dno
i trepte, uvis, zelenila tvrda,
vidim most što vodi, nad vidikom,
u tešku tamu Fruškog brda.

I, mesto da se klanjam Mesecu, toskanskom,
što u reci, rascvetan kao krin, blista,
znam da ću, ovog proleća, zakašljati ružno
i vidim vitak stas, preda mnom, što se roni,
verno i tužno,
senkom i korakom, kroz vodu što zvoni,
u nebesa čista.

I, tako, već slutim
da ću, skoro, dušu sasvim da pomutim.
I, tako, već živim,
zbunjen, nad rekama ovim, golubijski sivim.

Poveo sam davno tu pognutu senku,
a da sam to hteo, u onoj gori,
poznao grožđe, noć, i terevenku,
i potok, što sad, mesto nas, žubori.

Stražilovo

Ich irre umher noch, unstet, mit silbernem Bogen,
locke aus ihrem Versteck die blühenden Kirschen,
aber, hinter den Bergen, ahne ich schon die Heimat,
wo ich das Lachen, unter einsamen Pappeln,
begrabe.

Kalt ist der Frühlingsabend
für mich auch hier,
als würde im Tal, versteckt, die Donau fließen.
Aber, wo die Wolken sinken auf des Arno Grund
und, nach oben, hartes Grün aufflackert,
sehe ich eine Brücke sich heben über den Horizont
in die schwere Finsternis der Fruškaer Berge.

Und, statt mich zu verneigen vor dem Mond der Toskana,
der im Fluß, als blühende Lilie, blinkt,
weiß ich, daß ich dieses Frühjahr doch versäume,
und ich sehe eine unstete Gestalt vor mir, die untergeht,
treu und traurig,
mit Schatten und Schritt schon im Wasser, das tönt
in den klaren Himmel.

Und daher ahne ich schon,
daß sich meine Seele bald vollkommen verdunkelt,
und daher lebe ich schon
verwirrt, an diesen Flüssen, den taubenhaft grauen.

Seit langem trage ich bei mir diesen krummen Schatten,
je mehr ich mir wünsche, in jenen Bergen
einzutauchen in Wein, Nacht und Gelage,
und in den Bach, der jetzt statt uns murmelt.

I, tako, bez tuge,
oči su mi mutne od neke bolje, duge.
I, tako, bez bludi,
na usnama mi gorka trulost rudi.

Lutam, još, vitak, sa srebrnim lukom,
rascvetane trešnje, iz zaseda, mamim,
ali, iza gora, zavičaj već slutim,
gde ću smeh, pod jablanovima samim,
da sahranim.

Već davno primetih da se, sve, razliva,
što na brda zidam, iz voda i oblaka,
i, kroz neku žalost, tek mladošću došlom,
da me ljubav slabi, do slabosti zraka,
providna i laka.

Znam da mi u kosu,
po zori rumenotamnoj,
tuđa, umorna, ruka, bledi sumrak prosu.
A da veselosti mojoj, čiloj i pomamnoj,
dve zaspale, bolne, dojke ne daju
da se glasnim krikom baci po trešnjama,
što mi ostadoše, u zavičaju.

I, mesto da vodim, pogledom zelenim,
kao pre, reku što se sliva,
da skačem, kao Mesec, po gorama pustim,
i zažarene šume da potpirim,
sad, plavim i gustim,
snegom, i ledom, smešeći se, mirim
sve što se zbiva.

Und ohne Trauer
trüben sich meine Augen, von langem Schmerz.
Und ohne Begehren
rötet bittere Fäulnis meine Lippen.

Ich irre umher noch, unstet, mit silbernem Bogen,
locke aus ihrem Versteck die blühenden Kirschen,
aber, hinter den Bergen, ahne ich schon die Heimat,
wo ich das Lachen, unter den einsamen Pappeln,
begrabe.

Lange schon seh ich, daß alles zerfließt,
was ich auf Bergen baue aus Wasser und Wolken,
und daß, mit der Trauer, meine Jugend verschwand,
daß die Liebe mich ausdünnt, bis ich dünn bin wie Luft,
unsichtbar und leicht.

Ich weiß, daß mir eine fremde,
müde Hand im dunklen Morgenrot
gießt die blasse Dämmerung ins Haar.
Noch schlummert in der kranken Brust
frisch und wild meine Lebendigkeit,
und wirft sich, laut schreiend, auf die Kirschbäume,
die mir geblieben sind, daheim.

Statt, wie früher, ins Grüne blickend,
den Fluß entlang zu gehen,
und wie der Mond, in den Bergen, wo die Wälder
sich rötlich färben, zu verschwinden,
stehe ich jetzt im blauen, dichten
Schnee und Eis und lächle, beruhigt,
über alles Geschehene.

I, tako, bez veza,
stiže me, ipak, rodna, bolna, jeza.
I, tako, bez doma,
ipak će mi sudba postati pitoma.

Ne, nisam, pre rođenja, znao ni jednu tugu,
tuđom je rukom, sve to, po meni razasuto.
Znam, polako idem u jednu patnju, dugu,
i, znam, pognuću glavu, kad lišće bude žuto.

I, tako, bez bola,
vratiću se, bolan, voćkama naših polja.
I, tako, bez mira,
patiće gorko, mnogo šta, od mog dodira.

Već davno primetih da se, sve, razliva,
što na brda zidam, iz voda i oblaka,
i, kroz neku žalost, tek mladošću došlom,
da me ljubav slabi, do slabosti zraka,
providna i laka.

Lutam, još, vitak, po mostovima tuđim,
na mirisne reke priležem, pa ćutim,
ali, pod vodama, zavičaj već vidim,
otkud pođoh, posut lišćem žutim
i rasutim.

I ovde, rumen krina,
sa devojačkog rebra,
ja, zorom, umorno brišem, bez milina.
A kad utopim čun Mesečev, od srebra,
u novo more jutra i u trave,
sednem na oblak, pa gledam svetlosti,
što se po nebu, iz moje strasti, jave.

Und ohne Bindung
erfaßt mich dennoch ein fruchtbares, schmerzhaftes Schaudern.
Und ohne Zuhause
zähmt mich dennoch das Schicksal.

Nein, ich kannte vor meiner Geburt keine Trauer,
eine fremde Hand hat sie über mich gestreut.
Ich weiß, allmählich gehe ich in eine Qual,
und weiß, daß ich den Kopf senke, wenn das Laub vergilbt.

Und ohne Schmerz
kehr ich zurück, schmerzerfüllt, zu den Obstbäumen auf
unseren Feldern.
Und ohne Ruhe
wird unter meiner Berührung vieles bitter leiden.

Lange schon seh ich, daß alles zerfließt,
was ich auf Bergen baue aus Wasser und Wolken,
und daß, mit der Trauer, meine Jugend verschwand,
daß die Liebe mich ausdünnt, bis ich dünn bin wie Luft,
unsichtbar und leicht.

Ich irre umher noch, unstet, auf fremden Brücken,
liege an duftenden Flüssen, schweige,
unterm Wasser sehe ich schon die Heimat,
die ich verließ, mit gelbem Laub bestreut
und verstreut.

Hier ist die rote Lilie,
von des Mädchens Rippe,
morgens, müde, wisch ich sie ab, ohne Freude.
Wenn ich ersäufe den silbernen Kahn des Mondes
im neuen Meer des Morgens und im Gras,
sitz ich auf einer Wolke und blicke ins Licht,
das von meiner Leidenschaft dem Himmel mitteilt.

A, mesto svog života, davno živim,
bure i senke groznih vinograda.
Nastavljam sudbu, već i kod nas prošlu,
bolesnu neku mladost, bez prestanka;
tek rođenjem došlu,
sa rasutim lišćem, što, sa groba Branka,
na moj život pada.

I, tako, bez groba,
veselost je neka, u meni, rugoba.
I, tako, bez tela,
duša mi je nevidljiva, i nevesela.

Jednog proleća, i ja sam gorko znao
da, kroz svirale devojačkog rebra, zdravlje dajem.
I grudi svoje, u grožđu, krikom, raskidao,
nag, na dnu neba, opivši se zavičajem.

I, tako, bez lica,
na liku mi je senka jarca, trešnje, tica.
I, tako, bez stanka,
teturam se vidikom, bez prestanka.

Lutam, još, vitak, po mostovima tuđim,
na mirisne reke priležem, pa ćutim,
ali, pod vodama, zavičaj već vidim,
otkud pođoh, posut lišćem žutim
i rasutim.

Drhtim, još, vitak, od reka i nebesa.
Milujem vazduh, poslednjom snagom i nadom,
ali, svisnuću, to i ovde slutim,
za gomilom onom, jednom, davno, mladom,
pod sremskim vinogradom.

Und anstelle meines Lebens, lebe ich lange,
treten Fässer und Schatten schauriger Weinberge.
Ich lehre das Schicksal, auch den längst vergangenen
Schmerz der Jugend, ohne Unterlaß,
erst nach der Geburt kamen sie
mit dem verstreuten Laub, das von Brankos Grab
auf mein Leben fällt.

Und ohne Grab
schneidet die Heiterkeit in mir Grimassen.
Und ohne Körper
bleibt meine Seele unsichtbar und trostlos.

Eines Frühjahrs traf mich die bittere Gewißheit,
daß ich, spielend mit des Mädchens Rippe, meine Gesundheit
verschwende.
Die Brust riß mir auf, im Wein, im Schrei,
nackt, auf dem Grund des Himmels, trunken von der Heimat.

Und ohne Gesicht
ähnelt meine Gestalt der Ziege, der Kirsche, des Vogels Schatten.
Und ohne Aufenthalt
taumle ich um den Horizont, ohne Unterlaß.

Ich irre umher noch, unstet, auf fremden Brücken,
liege an duftenden Flüssen, schweige,
unterm Wasser sehe ich schon die Heimat,
die ich verließ, mit gelbem Laub bestreut
und verstreut.

Ich zittere noch, unstet, von Flüssen, vom Himmel,
liebkose die Luft mit letzter Hoffnung und Kraft,
aber ich werde mich sehnen, das ahn ich auch hier,
nach jener Meute, jung, von damals,
unterm Syrmischen Weinberg.

Za jedan blagi stas,
što, prvi put, zaljulja
višnje i trešnje, poljupcem, kod nas
i poskoči, vidikom, sa ritova i mulja.
Za društvo mu, što po vinskom mehu
svelo lišće rasu, sa osmehom mutnim,
preskačući, prvi put, potoke, u smehu.

A, mesto svog života, znam da, po vidiku,
taj smeh rasuh, nad svakim telom, golim,
i, nad zemljom ovom, kroz koju Arno rudi,
pun zvezda i zraka, moj se šapat sliva,
u izmoždene grudi,
jer se, u proleću, sve to opet zbiva,
svuda, gde ja volim.

I, tako, bez reči,
duh će moj sve tuđe smrti da zaleči.
I, tako, bez traga,
rasuće mi ruka živa tela mojih draga.

Jer ljubav će moja pomešati, tajno,
po svetu, sve potoke, i zore,
i, spustiti na život, vedro, i beskrajno,
i kod nas, nebo, i senku Fruške gore.

I, tako, bez zvuka,
smeh će moj padati, sa nebesnog luka.
I, tako, bez vrenja,
za mnom će život u trešnje da se menja.

Drhtim, još, vitak, od reka, i nebesa.
Milujem vazduh, poslednjom snagom i nadom,
ali, svisnuću, to i ovde slutim,

Nach jener sanften Gestalt,
die, zum ersten Mal, geliebt hat
Weichseln und Kirschen, geküßt, bei uns
und hochsprang, zum Horizont, aus Sümpfen und Schlamm.
Nach ihrer Gesellschaft, die über die Weinschenke
welkes Laub ausstreute, mit trübem Lächeln,
und zum ersten Mal über die Bäche hüpfte, lachend.

Und anstelle meines Lebens, weiß ich, daß, hinterm Horizont,
ich dieses Lachen ausstreue über all die nackten Leiber,
und über diese Erde, vom Arno rot gefärbt,
sternübersät und strahlend, fließt mein Flüstern hinein,
in die erschöpfte Brust,
denn es ereignet sich, im Frühjahr, alles wieder,
überall, wo ich liebe.

Und ohne Wort
heilt mein Geist all die fremden Tode.
Und ohne Spur
zerstäubt meine Hand die lebendigen Leiber meiner Geliebten.

Denn meine Liebe vermischt insgeheim
alle Bäche der Welt und das Morgenrot,
und auch, ins Leben gesenkt, heiter, grenzenlos,
den Himmel bei uns und den Schatten der Fruškaer Berge.

Und ohne Laut
stürzt mein Lachen vom Himmelsbogen.
Und ohne Verwesung
verwandelt sich nach mir das Leben in Kirschen.

Ich zittere noch, unstet, von Flüssen, vom Himmel,
liebkose die Luft mit letzter Hoffnung und Kraft,
aber ich werde mich sehnen, das ahn ich auch hier,

za gomilom onom, jednom, davno, mladom,
pod sremskim vinogradom.

Lutam, još, vitak, sa osmehom mutnim,
prekrstim ruke, nad oblacima belim,
ali, polako, sad već jasno slutim
da umirem i ja, sa duhom potamnelim,
teškim, neveselim.

I ovde, reku jednu
vidim, pod svojim telom,
da hladi laku, srebrnu, zemlju, nepreglednu.
A, kad mi prospe trešnje po duhu obolelom,
i, kraj Meseca, i ovde, zvezda zablista,
vidim da je, u ranom umiranju,
moja, i tuđa, mladost, gorka i jedna ista.

I, mesto svoje sudbe, sa užasima novim,
susrećem davni život, bolan, i prozračan.
A, kroz ovu zemlju, svilenu i prozirnu,
čim, uplašeno, spustim devojačko telo,
kroz maslinu mirnu,
vidim, daleko, opet, lišće svelo
i zavičaj oblačan.

I, tako, bez kretnje,
tuđinu, poljupcem, dižem, u vetrove proletnje.
I, tako, bez znaka,
dozivam golu dragu iz mekog, toskanskog mraka.

A prah, sve je prah, kad dignem uvis ruku
i prevučem, nad providnim brdima, i rekom.
I, neizmerno slabe, sve te trešnje, što se vuku
sa mnom, po svetu, sa zemljanim lelekom.

nach jener Meute, jung, von damals,
am Syrmischen Weinberg.

Ich irre umher noch, unstet, mit trübem Lächeln,
greife mit den Händen über die Wolken, die weißen,
aber allmählich, das ahn ich schon jetzt,
sterbe auch ich und mit mir, düster, der Geist,
schwer und trostlos.

Und hier, einen Fluß
sehe ich, unter meinem Leib,
er kühlt dieses leichte, silberne, unüberschaubare Land.
Und es mögen Kirschen sprießen auf meinem erkrankten Geist,
oder, mit dem Mond, auch hier, die Sterne funkeln,
ich sehe doch, das frühe Sterben
ist der Jugend, mir und den anderen, gleich bitter.

Und anstelle des Schicksals, mit neuen Schrecken,
ist mein Leben seit langem von Schmerz erfüllt und luftig.
Und durch dieses Land, seiden und durchsichtig,
ziehe ich, zaghaft, des Mädchens Leib,
durch den stillen Olivenhain,
sehe in der Ferne, wieder, welkes Laub
und die wolkige Heimat.

Und ohne Regung
hieve ich die Fremde, mit einem Kuß, in den Frühlingswind.
Und ohne Zeichen
ruf ich herbei die nackte Geliebte aus der weichen,
toskanischen Finsternis.

Staub, alles wird Staub, wenn ich die Hand erhebe
und streiche über die schimmernden Berge und Flüsse.
Unermeßlich zart sind all die Kirschen, die mit mir
ziehen überallhin, mit irdischen Klagen.

I, tako, bez tame,
duh moj sa mračnim voćkama pokriva me.
I, tako, bez imena,
istom žalošću milujem brda neviđena.

Lutam, još, vitak, sa osmehom mutnim,
prekrstim ruke, nad oblacima belim,
ali, polako, sad već jasno slutim
da umirem, i ja, sa duhom potamnelim,
teškim, neveselim.

Lutam, još, vitak, sa šapatom strasnim
i otresam članke, smehom prelivene,
ali, polako, tragom svojim, slutim:
tišina će stići, kad sve ovo svene,
i mene, i mene.

I ovde, bez boje tajne,
ni jedne voćke nema,
nebesne one boje, gorke i beskrajne.
A kad razgrnem doline, rukama obema,
i, otkrijem dna bezdana, srebrna i bela,
na dnu je, opet, žalost, nejasna i laka,
vazduhom kupanih voćaka i tela.

I, mesto srebrnih pruga, zabrežja i reka,
susrećem, kao u snu, umorne misli, svoje.
A, nad trešnjama i mladim višnjama,
tamnu i dugu maglu, što se, svuda, širi,
u život pred nama,
gde se strast, polako, u umiranju smiri,
i čula upokoje.

Und ohne Dunkelheit
bedeckt mein Geist mit finsteren Obstbäumen mich.
Und ohne Namen
mit derselben Trauer liebkose ich den unbekannten Berg.

Ich irre umher noch, unstet, mit trübem Lächeln,
greife mit den Händen über die Wolken, die weißen,
aber allmählich, das ahn ich schon jetzt,
sterbe auch ich und mit mir, düster, der Geist,
schwer und trostlos.

Ich irre umher noch, unstet, flüstere leidenschaftlich
und schüttle die Glieder, sprudle über vor Lachen,
aber allmählich erahne ich an meiner Spur:
Stille kehrt ein, wenn all das verwelkt,
so auch ich, so auch ich.

Und ohne die Farbe des Geheimnisses,
gibt es hier keinen Obstbaum,
jene Farbe des Himmels, bitter und grenzenlos.
Und wenn ich auseinander reiße die Täler, mit blassen Händen,
und öffne die endlosen Abgründe, silbern und weiß,
treffe ich auf dem Grund, wieder, die Trauer, glanzlos und leicht,
der luftgebadeten Obstbäume und Leiber.

Und anstelle der silbernen Streifen, Hügel und Flüsse
begegne ich, wie im Traum, meinen müden Gedanken.
Über den Kirschen und jungen Weichseln
breitet sich Nebel aus, dunkel und weit, überallhin,
ins Leben, das vor uns liegt,
wo die Leidenschaft, allmählich, abstirbt, verrauscht
und sich die Sinne beruhigen.

I, tako, bez reda,
mladost uvijam mirom, snegova i leda.
I, tako, bez puta,
moje milovanje, po umiranju luta.

A mir, svud je mir, kad raspem što je bilo
i priklonim glavu na ono što me čeka;
na ceo jedan kraj sa kog se vino slilo
i smeh, i divna bestidnost, daleka.

I, tako, bez mora,
preliću život naš, zorama Fruških gora.
I, tako, bez pića,
igraću, do smrti, skokom, sretnih, pijanih, bića.

Lutam, još, vitak, sa šapatom strasnim
i otresem članke, smehom prelivene,
ali, polako, tragom svojim, slutim,
tišina će stići, kad sve ovo svene,
i mene, i mene.

Fiezole, 1921.

Und ohne Ordnung
tauche ich die Jugend in die Stille von Schnee und Eis.
Und ohne Weg
irren meine Liebkosungen um das Sterben.

Und still, alles wird still, wenn ich abtrenne, was war,
und den Kopf lehne an das, was mich erwartet;
an jene ferne Gegend, wo der Wein fließt,
wie das Lachen und wunderbare Sinnenlust.

Und ohne Meer
schütte ich über unser Leben das Morgenrot der Fruškaer Berge.
Und ohne Trank
tanze ich, in den Tod, mit den Sprüngen glücklich Trunkener.

Ich irre umher noch, unstet, flüstere leidenschaftlich
und schüttle die Glieder, sprudle über vor Lachen,
aber allmählich erahne ich an meiner Spur:
Stille kehrt ein, wenn all das verwelkt,
so auch ich, so auch ich.

Fiezole, 1921.

Nachdichtung: Viktor Kalinke & Cornelia Marks

Bespuća

Vas zovem samo, sa užasom
u pogledu razvratnom, neveselom.
Vas zovem samo, što drhtite
sa vitkim, osetljivim telom.

Vas na čijim je kolenima život
izdahno zbunjen, umoran;
za vas ja imam rumeno more
i jedan osmeh sumoran.

Ne, neće ljubav, ni mladost, više
pomilovati nam grudi.
Ime će, dah će, suza će naša
drugom da zamiriše.

Daleko, negde, oko sveta,
gde sneg i led i nebo cveta
sve će se sliti,
i od svega biti:
Mir,
mir,
mir...

Beograd, 1920.

Irrwege

Euch rufe ich nur, mit Schrecken,
mein Blick schweift trostlos umher.
Euch rufe ich nur, zitternd zu wecken
eure schlanken, empfindsamen Leiber.

Auf euren Knien ist das Leben
ausgehaucht, müde, verirrt;
für euch schuf ich das rötliche Meer,
ein Lächeln läßt euch erbeben.

Nein, keine Liebe wird uns, auch
keine Jugend, liebkosen die Brust.
Unser Weinen, Name, Atemhauch
wird für andere duften.

Fern, irgendwo, hinter der Welt,
wo Schnee und Eis vom Himmel fällt
stürzt alles ein,
und alles wird sein:
Stille,
Stille,
Stille ...

Belgrad, 1920.

Život

Sve to ne zavisi od mene.

Setim se kako beše lep,
nad vodama dubokim nekim,
kao Mesec beo,
sa lukom tankim i mekim,
jedan most.

I, vidiš, to, uteši me.

Ne zavisi od mene.

Dosta je da toga dana,
zemlja oko mene zamiriše preorana,
ili da oblaci prolete,
malo niže,
pa da me to potrese.

Ne, ne od mene.

Dosta će biti ako, jedne zime,
iz vrta jednog zavejanog,
istrči neko ozeblo, tuđe, dete
i zagrli me.

Beograd, 1920.

Leben

All das hängt nicht von mir ab.

Ich entsinne mich, schön war sie,
übers tiefe Wasser gespannt,
wie der weiße Mond,
mit schmalem, weichem Bogen,
jene Brücke.

Und, siehst du, das tröstet mich.

Es hängt nicht von mir ab.

Es genügt, daß an diesem Tag
die gepflügte Erde um mich herum duftet,
und daß die Wolken etwas
tiefer vorüberziehen,
und daß mich das berührt.

Nein, nicht von mir.

Es wird genügen, wenn eines Winters
aus einem schneeverwehten Garten
fröstelnd ein fremdes Kind eilt
und mich umarmt.

Belgrad, 1920.

Nachdichtung: Viktor Kalinke & Cornelia Marks

Devojka

Rađanja su, zvezde u jezerima,
nemoćan sjaj u životu.
A suzan pogled mlade majke,
slab, kao ruža u ćupu železnom.

Sa žena plodnih, pijanih vinograda,
iz kojih jastrebovi izleću u jesen,
naša bi tela, golubovi beli,
u beskraj, bez žalosti, iščezla.

Tek Ti kad ideš, pođe bol,
u hodu tvome, probuđenom kamenu,
tajanstveni šum peska što tone,
nečujan, na dno voda drhćućih.

Tek tad sine vazduh u rasuti prah,
kroz rešetke srebrne tvojih rebara,
da nam osvetli povorku voćaka,
što idu i zru, da mogu svenuti.

1921.

Mädchen

Geburten sind Sterne in Seen,
ein schwacher Schimmer im Leben.
Und heulend die junge Mutter,
zart, eine Rose im eisernen Krug.

Von fruchtbaren Frauen, trunkenen Weinbergen,
aus denen die Habichte in den Herbst fliegen,
mögen unsere Leiber, wie weiße Tauben,
ins Grenzenlose, ohne Trauer, verschwinden.

Erst wenn du gehst, bricht der Schmerz auf
in deinem Gang, im aufgeweckten Stein,
geheimnisvolles Säuseln sickernden Sandes,
unhörbar, in den Boden zitterndes Wasser.

Erst dann glänzt die Luft im wirbelnden Staub
durchs silberne Gitter deiner Rippen,
zu beleuchten uns die Prozession der Obstbäume,
die gehen und reifen, um welken zu können.

1921.

Ples

O, pustili smo svuda duše
i, eto, vraća se samo strast nevesela.
Odosmo po ćilimovima dragih tela
u nebesa, što nas izmeniše.
U blage žalosti pređe zanos ludi,
u tišine jutarnjih oblaka,
razočarano telo, vitko od žudi.

I užas lica, strasnih, davno
pokrila je magla,
kao mesečev lik,
što se javlja u nadzemaljskoj seti,
žut, kao obrazina zlatna, tavno,
u grobu, nad kojim se bela sen aveti,
bela sen neveste,
u beskraj za navek nagla.

Sve posta nestvarno,
što u ljubavi čine i činim;
i život, ko pusto polje kud vetar ječi,
pokrismo snegom praštanja svemu,
poljupcima zbunjenim i novim.

Pa, eto, ipak, tragom se njinim
kupi čemer i u zorama ovim,
kad više okovan, nag niko ne kleči.

I duša zagledana, nevesela,
pokriva dim, pruge radosti i plesa,
što u beskraju igraju nebesa,
opet samo teškim, grimiznim plaštom
strasnoga tela.

Tanz

Überall entfesselten wir die Seele
und empfingen nur trostlose Lüsternheit.
Wir schritten über Teppiche geliebter Leiber
in die Himmel, die uns verwandelten.
Milde Trauer wuchs aus irrer Begeisterung,
in der Stille morgendlicher Wolken,
enttäuschter Leib, ausgezehrt vom Begehren.

Und die Schreckgesichter, lange
hat Nebel bedeckt,
wie eine Mondgestalt,
die in überirdischer Wehmut erscheint,
gelb, eine goldene Maske, dunkel,
im Grab, über dem der weiße Schatten des Gespenstes,
der weiße Schatten der Braut
für immer ins Grenzenlose stürzt.

Alles ist unwirklich geworden,
ihre Liebe und meine,
und das Leben, wie ein wüstes Feld, wo der Wind heult,
bedeckten wir mit dem Schnee aller Vergebung,
mit Küssen, wirr und neu.

Und, siehe da, auf ihrer Spur
sammelt das Leid sich in der Morgenröte,
wenn keiner mehr kniet, gefesselt und nackt.

Und die gaffende trostlose Seele,
bedeckt den Rauch, Streifen von Freude und Tanz,
den im Unendlichen die Himmel tanzen,
wieder nur mit dem schweren Purpurmantel
des lüsternen Leibes.

Blagovesti

Ljubav što beše nije više.
Sudba mi bludi po nebu ovih dana,
blaga i mirna, kišom oprana,
kao ruka nekad po telu dragana.

Nad zemljom više ne miriše krin,
u proleću, oštar, bludan, ženski.
Rascvetane voćke stiskam na rebra,
kroz vazduh blagoveštenski.

Nestaje noć,
puna žalosti i bolnog razvrata,
a ja ostajem u vedrom vidiku,
modrim vodama, i rujnim šumama,
kao sen trske, lišća, rosnog vlata.

Beograd, 1921.

Frohe Botschaften

Die Liebe – wie sie war, ist sie nicht mehr.
Mein Schicksal, irrend über den Himmel dieser Tage,
mild, friedlich, reingewaschen vom Regen,
wie einst die Hand auf dem Leib der Geliebten.

Auf den Feldern duftet die Lilie nicht mehr,
im Frühling: streng und lüstern, weiblich.
Die blühenden Obstbäume presse ich an die Rippen,
im Hauch froher Botschaften.

Die Nacht geht vorüber,
erfüllt von Trauer und schmerzhafter Ausschweifung,
aber ich verweile am heiteren Horizont,
im blauen Gewässer und in rötlichen Wäldern,
ein Schatten des Schilfs, Laubs, taubenetzter Halme.

Belgrad, 1921.

Nachdichtung: Viktor Kalinke & Cornelia Marks

Povorka

Pri kraju mladosti tek
teško, čudno, obuze me ljubav.

Prvo mi se u bludi nešto javi,
belo i mirno, kao daleko stado.
Posle se susretoh sa trešnjom,
i, kao u frulu, svirah,
u jedan potok plavi.

Duh mi je izgubio, tako, snagu,
a telo se ispunilo
nekom lomnošću.
Zaželeo sam da milujem rukom
prugu vidika, bistru i blagu.

Misli mi jasne iščeznuše,
u neprekidnom smešenju tamnom.
A polako se skupiše, sa svih strana,
povorke procvalih trešanja,
da pođu, pođu, sa mnom.

Pred njima, nasmešen,
sa brda na brdo,
sa reke na reku,
eto, ja,
zbunjen i bezbrižan,
igrajući,
poskakujući.

Prozession

Spät ergriff mich, am Ende der Jugend,
heftig und seltsam, die Liebe.

Zuerst erschien sie mir in der Wollust,
weiß und friedlich, wie eine Herde in weiter Ferne.
Dann begegnete ich ihr mit Kirschen,
und, wie auf einer Flöte, spielte ich
auf einem blauen Bach.

Was mein Geist verlor an Kraft,
gewann mein Leib
an Zerbrechlichkeit.
Ich wünschte nur, mit der Hand zu liebkosen
des Horizonts mild schimmernden Streifen.

Die Klarheit meiner Gedanken ist entwichen
im dauernden dunklen Lächeln.
Allmählich, von allen Seiten, versammeln sich
Prozessionen erblühter Kirschbäume,
um zu gehen, zu gehen, mit mir.

Ihnen voran, lächelnd,
von Berg zu Berg,
von Fluß zu Fluß,
das bin ich,
unbekümmert und irr,
tanze ich,
hüpfe.

Nachdichtung: Viktor Kalinke & Cornelia Marks

Leto u Dubrovniku godine 1927

Tla davno nestaje. I već trne,
u telu mom, bezbrižnost mladosti, pre vanredna.
Razum mi još samo treperi, od zvezda ovog leta.
A klone li, klonuće mi na sneg tek, drhćuća i ledna,
ljubav, kao sen umorne srne.

Srem to više nije. Što sad zasja,
preda mnom, izbledelim, od slasti, pre telesnih.
Ne vidim više ni znak, žutog, na bregu, drveta.
Jesenjim zracima Sunca, sa Bačke, u prah nebesnih,
lebde sad bat moj i ševe, sa klasja.

Od zemlje odlazim. I već slutim,
u sebi, sva mučenja prošlosti, pre miline.
Skoro će razneti dim i ovo što ovde zbivah.
No da l će i tad svitati zora iz zimske tišine,
životu mom, da ga zlim ne mutim?

Tla davno nestaje. I već trne,
u telu mom, bezbrižnost mladosti, pre vanredna.
Razum mi još samo treperi, od zvezda ovog leta.
A klone li, klonuće mi na sneg tek, drhćuća i ledna,
ljubav, kao sen umorne srne.

Dubrovnik, 1927.

Sommer in Dubrovnik 1927

Seit langem schwindet der Boden. Und schon verlöscht,
in meinem Leib, die Sorglosigkeit der Jugend, fabelhaft damals.
Mein Verstand funkelt nur von den Sternen dieses Sommers.
Wenn er lahmt, erlahmt auch im Schnee, zitternd und eisig,
die Liebe, wie der Schatten eines müden Rehs.

Das ist nicht mehr Syrmien. Was jetzt glänzt,
vor mir, ist blaß vom Begehren meines Leibs, damals.
Ich erkenne nicht mehr das Zeichen, gelb, auf dem Hügel,
des Baums.
In den Strahlen der Herbstsonne von Bačka, im Himmelsstaub
hallt jetzt mein Stampfen und das Geräusch der Lerche vom Feld.

Ich entferne mich von der Erde. Und ich spüre schon,
in mir, alle Qualen der Vergangenheit, vergnüglich damals.
Was ich hier war, wird bald der Rauch zerstreuen.
Steigt dann das Morgenrot noch aus des Winters Stille
für mein Leben, damit ich es nicht mit Bösem beflecke?

Seit langem schwindet der Boden. Und schon verlöscht,
in meinem Leib, die Sorglosigkeit der Jugend, fabelhaft damals.
Mein Verstand funkelt nur von den Sternen dieses Sommers.
Wenn er lahm wird, erlahmt auch, zitternd und eisig,
die Liebe, wie der Schatten eines müden Rehs.

Dubrovnik, 1927.

Priviđenja

Zaista, zrak sam samo? I to je sjaj u meni,
što se sad, nestajući, rasipa, u prazninu,
osvetlivši mi put, i bezdan, u isti mah?
Sve su to bile, dakle, prolazne samo seni,
na koje sam, kroz blagost, i žalost, i tišinu,
stresao, ustreptao, svoj zvezdan, zračni, čisti, prah?

Odlazim, dakle, sa tela toplih, i mladih, srna,
ledu, na vrhu nekom, u bolnom svom hitanju?
A plač mi samo vraća se, porfiru jednog zrna,
što visi, o drhćućem, žarkom, koncu, u svitanju?

Tu, tu bih, u ovom životu, da me oblije slap
svih divota čulnih, kao pad mirisnog mleka.
A, čini mi se, jedna jedina, takva, blista kap,
nad peskom pustinja, i tla, nad zemljom, daleka.

Zaista, zrak sam samo? I to je sjaj u meni,
što se sad, nestajući, rasipa, u prazninu,
osvetlivši mi put, i bezdan, u isti mah?
Sve su to bile, dakle, prolazne samo seni,
na koje sam, kroz blagost, i žalost, i tišinu,
stresao, ustreptao, svoj zvezdan, zračni, čisti, prah?

U Danskoj, 1929.

Halluzinationen

Wahrhaftig, bin ich nur ein Strahl? Haftet Glanz mir an,
der jetzt verschwindet, sich verschwendet, im Nichts,
der mir den Weg erhellt hat, den Abgrund, zugleich?
Sind alle, die waren, also, vorüberziehende Schatten,
über denen ich mit Sanftmut, Trauer und Stille
ausgeschüttet habe meinen funkelnden, reinen Sternenstaub?

Verlasse ich, also, die warmen Leiber junger Rehe,
steige, in schmerzhafter Eile, auf die Berge, ins Eis?
Bringt das Weinen mir nur zurück die Schraffur eines Korns,
hängend an einem dünnen, heißen Faden im Morgengrau?

Würde hier, in diesem Leben, der Wasserfall mich überfluten,
all der Sinneswonnen, wie duftende Milch, die herabstürzt.
Einen einzigen, solch blinkenden Tropfen zaubere ich
über dem Sand der Wüste und des Bodens, über der Erde, fern.

Wahrhaftig, bin ich nur ein Strahl? Haftet Glanz mir an,
der jetzt verschwindet, sich verschwendet, im Nichts,
der mir den Weg erhellt hat, den Abgrund, zugleich?
Sind alle, die waren, also, vorüberziehende Schatten,
über denen ich mit Sanftmut, Trauer und Stille
ausgeschüttet habe meinen funkelnden, reinen Sternenstaub?

In Dänemark, 1929.

Nachdichtung: Viktor Kalinke & Cornelia Marks

Die vergessenen Schatten

Miloš Crnjanski und der Erste Weltkrieg

„Im Dreigestirn der jugoslawischen Klassiker der Moderne,
zu dem Ivo Andrić und Miroslav Krleža gehören,
ist Crnjanski zweifellos der Schwierigste, Verborgenste."
Ilma Rakusa

1

Miloš Crnjanski (1893-1977) erlebt das Ende des Ersten Weltkriegs in Wien. Er hat drei Monate Fronturlaub erhalten, um sein Examen an der Universität zu absolvieren. Vor dem Krieg hat er sich zunächst in Medizin eingeschrieben, den einzigen Beruf, der eines Dichters würdig sei. Tatsächlich will er dem Ansinnen seines Onkels entrinnen, der ihn am liebsten auf der Handels-Akademie gesehen hätte. Der Geruch des Sezierkellers erschreckt Crnjanski dermaßen, daß er bald vom Medizinstudium zur Kunstgeschichte wechselt.

> „Soll ich mein Leben in so einem Gestank verbringen? – dachte ich. Und ging dorthin, wo über die Französische Revolution gelesen wurde, über Rußland, über Philosophie ... Ich war der typische Wirrkopf meines Jahrhunderts."[1]

Bereits als Schüler in Temesvar hat Crnjanski begonnen, Gedichte zu schreiben. Er versucht sich an Dramen und an einem Roman. Doch es kommt schlimmer als im Sezierkeller der Medizinischen Fakultät. Mit ungeahnter Brutalität bricht die Politik in die Träume des jungen Mannes ein.

Nachdem sich Bulgarien und Serbien von der Osmanischen Herrschaft befreit haben, strebt Österreich-Ungarn nach einer Ausweitung seiner Einflußsphäre.[2] Auf dem Berliner Kongreß von 1878 vereinbaren die Westmächte, daß Bosnien-Hercegowina zwar völkerrechtlich weiterhin zum Osmanischen Reich gehören soll, Wien aber mit der treuhänderischen Verwaltung der Provinz beauftragt wird. 1908 fühlt sich die k.u.k. Monarchie stark genug, um sich Bosnien auch militärisch einzuverleiben.

> „Dieser Schritt gab den Anstoß zu neuen nationalrevolutionären Entwicklungen."[3]

Damit ist endgültig klar, daß sich die Freiheitsbestrebungen der südslawischen Bevölkerung gegen die Österreicher, mithin die deutschsprachige Kultur, zu richten hatten. Rußland ist diplomatisch unter Druck gesetzt worden, so daß es seine Schutzmachtrolle für den Balkan nicht wahrnimmt. Der österreichische Generalstabschef Conrad von Hötzendorff und sein deutscher Amtskollege Helmuth von Moltke halten einen Präventivschlag gegen

[1] Miloš Crnjanski, KI, S. 39
[2] Die Darstellung folgt Mommsen (FWG Bd. 28, S. 219ff.)
[3] FWG Bd. 28, S. 224

Serbien für unausweichlich zur „Aushebung des serbischen revolutionären Nestes". Dahinter verbirgt sich der Wunsch, den Einfluß Budapests in der k.u.k. Monarchie einzuschränken, indem ein südslawischer Reichsteil geschaffen werde, der ein Gegengewicht zu Ungarn bilden könne - ein Plan, den auch Franz Ferdinand, der Wiener Thronfolger, verfolgt.

Das Attentat von Gavrilo Princip, einem Mitglied der Gruppe „Mlada Bosna" (Junges Bosnien), auf Franz Ferdinand am 28. Juni 1914 reiht sich in eine Serie von Anschlägen gegen die österreichischen Besatzer ein. Bereits 1910 hat der Student Bogdan Žerajić versucht, ein Attentat auf den Kaiser selbst zu verüben, als er sein neues Besitztum Bosnien inspiziert. Dieses Attentat scheitert jedoch.

Serbien hat 1913 einen von Bulgarien angezettelten Bruderkrieg gewonnen und hegt nun den Traum vom großserbischen Reich bis hin zur Adria. Unter dem Vorwand, die türkische Herrschaft zu bekämpfen, werden serbische Truppen bis nach Albanien geschickt. Die großserbischen Ambitionen Belgrads sind Wien - und dem Westen - ein Dorn im Auge. Die Monarchie sucht nur nach einer Gelegenheit, Serbien in die Schranken zu weisen. Das Attentat in Sarajevo löst bei den Kriegsbefürwortern in Wien Frohlocken aus. Ohne daß Beweise dafür vorliegen, behaupten sie, daß Belgrad die Attentäter gesteuert habe, und richten am 23. Juli 1914 ein scharfes Ultimatum an Serbien. Damit soll ein Anlaß geschaffen werden, um den Krieg zu eröffnen.

Zuvor muß aber das diplomatische Karussell in Schwung gebracht werden, denn nunmehr würde Serbien Beistand von Rußland erhalten. Deutschland bietet sich als Vermittler zwischen Österreich und Rußland an - mit dem bekannten Ergebnis, daß Rußland eine Mobilisierung in Deutschland fürchtet und seine Truppen in Alarmbereitschaft versetzt.

Am 28. Juli beginnt der Erste Weltkrieg, geplant als kleines Regionalscharmützel zwischen Österreich und Serbien, mitten in den Ferien. Halb Österreich ist in Kurorte verreist. Die Behäbigkeit der Donaumonarchie führt dazu, daß sie, obwohl sie kriegstreibende Kraft ist, nicht als erste mobilmacht, sondern als dritte. Es ist viel über Deutschlands Minderwertigkeitskomplexe im Vergleich zu den westeuropäischen Großmächten und seine Motivation gesagt worden, sich einen Platz in der Welt zu erobern. Darüber geriet der südosteuropäische Hegemonialanspruch Österreichs in den Hintergrund.

> „Österreich bereitete inzwischen das Ultimatum an Serbien und den Krieg vor, geheim, wie man ein Verbrechen vorbereitet. Als die Mobilisierung verkündet wurde, ganz plötzlich, brach in Europa die Panik aus."[4]

Zu Beginn des Krieges ordnet Wien die willkürliche Verhaftung serbisch sprechender Bürger der k.u.k. Monarchie an.

[4] Miloš Crnjanski, KI, S. 46

> „Während ich Zmaj und Laza Kostić las und mich begeisterte für das Gedicht, das Kostić über Shakespeare geschrieben hat (*Unserem Willie*), verhaftete die Polizei die serbischen Schauspieler aus dem Theater heraus, stopfte sie in Eisenbahnwaggons und fuhr sie in Internierungslager."[5]

In Szeged wird auch Crnjanski festgenommen und verhört. Hier erfährt er zum ersten Mal von Galgen, die in den Gefängnishöfen aufgestellt werden. Die Beherrschung der „Sprache der Untersuchungsrichter" hilft ihm, erst einmal wieder freizukommen. Ein Adjutant der Einberufungsbehörde läßt ihn erneut festnehmen und verhören, bevor er Crnjanski an die Front abkommandiert.

2

Crjnanski wird – hier verwandelt sich das gesellschaftliche Paradoxon in ein privates – als ungarischer Bürger serbischer Nationalität ins österreichische Heer einberufen, um gegen Serbien zu kämpfen. Fast alle Kameraden seines Regiments aus dem Banat sterben in den ersten Kriegsmonaten. Die Offensive bleibt im Schnee stecken. Cholera bricht aus.

> „Ich war in einem Waggon zurückgelassen worden, der nach Kotze und Durchfall stank, auf der Station Šid. Und mein Leben verdanke ich der Mutter eines Šider Bürgers (ich glaube eines Schneiders), die mich ins Haus nahm, als ich vor der Tür lag."[6]

Nach Rijeka zurückgekehrt, wird Crnjanski, entkräftet wie er ist, ins Lazarett eingewiesen. Die Ärzte sind übermüdet. Crnjanski meldet sich freiwillig als Helfer auf der Epileptiker-Station, nachdem er die Kranken, Verwundeten und Simulanten studiert hat. Er verbringt „wie Rimbaud sechs Wochen in der Hölle." Danach wird er an die russische Front nach Galizien verlegt. In seinen erst nach dem zweiten Weltkrieg aufgezeichneten Erinnerungen schreibt Crnjanski:

> „Wie im *Tagebuch über Čarnojević* will ich auch hier nicht des langen und breiten Schlachten beschreiben. Ich habe zwei Gründe dafür. Einer ist die Scham, die alle haben, die das blutige Bild mit ansehen mußten (der Krieg ist kein Roman, sondern ein Film). Der andere ist die bekannte Tatsache, daß die Veteranen des letzten Kriegs die des vorletzten nicht hören wollen. Ich sag nur, daß wir im Blut wateten, vom ersten Tag in Złota Lipa an, bis in den Herbst hinein, *täglich*."[7]

Etwa in der gleichen Zeitspanne steigt der Kriegsfreiwillige Ludwig Wittgenstein vom Schiffsjungen auf der „Goplana" in Przemysl zum Assistenten eines Landwehringenieurs in Krakau auf. Dort beginnt er mit der Niederschrift von Notizen, die später zur Grundlage des *Tractatus logico-philosophi-*

[5] Miloš Crnjanski, ebd.
[6] Miloš Crnjanski, KI, S. 48
[7] Miloš Crnjanski, KI, S. 55

ВИДОВДАНСКЕ ПЕСМЕ

Год.: 1916—1917 у „Савременику".
Год.: 1918—1919 у „Књижевном Југу".

cus werden. Weil ihm aus formalen Gründen die weitere Beförderung vom Armee-Ober-Kommando (A. O. K.) verwehrt wird, läßt sich Wittgenstein als Kanonier an die Ostfront verlegen. Wittgenstein und der unfreiwillig in den Krieg einberufene Crnjanski dürften sich, obwohl sie in derselben Region eingesetzt sind, nicht begegnet sein.

3

An der Front beginnt Crnjanski, die Gedichte zu schreiben, die er später in „Lyrika Itake“ aufnimmt:

> „Daneben habe ich in Galizien aber auch Gedichte geschrieben. Wenn ich mich etwas weiter von der Kompanie entfernt hatte, in einem Wäldchen hinter einigen Häusern, lag ich im Gras, zwei Slovaken von meinen Leuten, die mich besonders mochten, dachten, ich würde meine Notdurft verrichten.“[8]

Dieser Entstehungskontext ist einzubeziehen, wenn es gilt, die Ithaka-Gedichte zu verstehen und zu beurteilen. Es handelt sich nicht um Texte, die in der Ruhe des Lesesaals oder auf dem Sofa entstanden. Sie sind einer blutigen Erde entrissen. Die Lyrik ist für Crnjanski Ablenkung und Selbstbehauptung zugleich.

> „Ich habe nie von meinen ‚Heldentaten' während des ersten Weltkriegs erzählt, ich werde es auch jetzt nicht tun. Ich sagte bereits, diese Anthologie *Ithaka* sei unter besonderen Umständen gedruckt worden. Alles, was ich getan habe, haben auch meine Altersgenossen getan, und noch mehr.“[9]

Eine Serie von günstigen Zufällen und protektionistischen Beziehungen (der Onkel) hilft ihm, aufgrund eines Nasenblutens als kriegsverletzt anerkannt und für ein halbes Jahr, vom Herbst 1915 bis zum Frühjahr 1916, in das Krankenhaus des Klosters „Töchter der Göttlichen Liebe“ geschickt zu werden. In den Abendstunden hat Crnjanski Gelegenheit, die Auftritte der dekadenten, zu Hause gebliebenen Oberschicht Wiens in den Theatern und Operetten zu beobachten. Bis Herbst 1916 taucht er in einem Krankenhaus in Salzburg unter. Auch dort entstehen einige Ithaka-Gedichte. Schließlich soll er zurück an die Front. Seine Tante bewirkt, daß er als Telefonist bei der Eisenbahnverwaltung in Szeged eingesetzt wird, der Ort, wo er zwei Jahre zuvor wegen seiner serbischen Herkunft kurz inhaftiert worden ist. Er lebt bei einer alten Ungarin, die ihren Sohn im Krieg verloren hat. Von Szeged aus nimmt er Kontakt zur serbokratischen Schriftstellerszene auf:

> „Ich hatte beschlossen, meine Gedichte mitten im Krieg zu drucken. In der Zeitschrift der Gesellschaft kroatischer Schriftsteller, im *Savremenik* ... In der *Ode auf die Galgen* strich die Zensur das Wort ‚Galgen' im Titel, im Text ließ sie es stehen. So arbeitete die Zensur Österreichs. Wie gesagt, wenn Zensur etwas

[8] Miloš Crnjanski, KI, S. 58
[9] Miloš Crnjanski, KI, S. 71

strich, gab Benešić die Texte einem Musiker, seinem Freund, daß er etwas anderes dazudichtete."[10]

Der Aufenthalt in Szeged endet jäh in Folge einer Kollektivbestrafung. Die Eisenbahnverwaltung hat eine strategische Bedeutung für das k.u.k. Heer, indem sie den Nachschub an Truppen und Material koordiniert. Sabotage und echte Fehler mit gravierenden Folgen lassen sich schwer auseinanderhalten. Nach einem Zwischenfall wird die ganze Mannschaft der Telefonisten und Schreiber ausgetauscht. Crnjanski kommt auf eine Schule für Reserveoffiziere und soll danach an die russische Front nach Komoran verlegt werden, in dasselbe Regiment, mit dem er schon 1914 „im Blut gewatet" ist. Ein serbischer General, der die Prüfung für die Offiziersschüler abnimmt, sorgt dafür, daß Crnjanski nach sieben Tagen in Richtung Italien abkommandiert wird, nach San Vito. Auf der Fahrt von Budapest nach Italien hat er Gelegenheit, den Redakteur des *Savremenik*, Julije Benešić, in Zagreb persönlich kennenzulernen.

> „Als ich bei ihm eintrat, in Kriegsuniform der österreichischen Offiziere, verstummte er einen Augenblick. Er sagte dann, daß ich ‚patriotische' Gedichte in der Uniform eines österreichischen Offiziers schreibe, gebe mir noch nicht die Berechtigung, mir alles mögliche einzubilden ... Aber daß ich solche Gedichte schriebe und auch noch *drucke*, mit voller Unterschrift, im Krieg, das gefalle ihm wirklich."[11]

In San Vito weiß niemand etwas mit Crnjanski anzufangen. Er nimmt an einem Gelage teil und wird gefragt, ob er in ein Regiment versetzt oder auf Erholung („Rekonvaleszenz") geschickt werden will. Crnjanski erholt sich in Opatija, besucht Buchhandlungen und alte Bekannte. Das *Tagebuch über Čarnojević*, eine Prosafassung der Ithaka-Lyrik, in der Melodieführung um einiges schwebender als die Gedichte, wächst in dieser Zeit stark an.[12] Eine kaiserliche Inspektion schickt Crnjanski 1918 wieder nach Komoran. Statt an der Front wird er zur Grenzkontrolle zwischen den rivalisierenden Staaten Ungarn und Österreich eingesetzt.

4

Während sein Regiment vom Osten zieht und in eine blutige italienische Schlacht gerät, „und man weiß, daß viele von uns nicht zurückkehren werden", erhält Crnjanski – wie alle Studenten ohne Abschluß – einen dreimonatigen Urlaub, um die Prüfungen in Wien abzulegen. Aber dazu kommt es nicht.

[10] Miloš Crnjanski, KI, S. 71

[11] Miloš Crnjanski, KI, S. 71

[12] Das *Tagebuch über Čarnojević* liegt unwiederruflich nur in einer gekürzten Fassung vor. Dem Verleger erschien es zu lang, er wollte nur 5 Druckbögen aufwenden. Gekränkt verbrannte Crnjanski, bevor er nach Paris ging, was der Verleger als überflüssig empfand (vgl. KI, S. 120).

„Einige Tage später zerfällt Österreich, wie im Theater."[13]

Das Kriegsende ist zugleich die Geburt der südosteuropäischen Nationalstaaten. Crnjanski legt in Wien den Eid auf den serbischen König ab, im Gebäude des Österreichischen Kriegsministeriums. Danach kümmert sich niemand um die ehemaligen Offiziere. Crnjanski schlägt sich mittellos nach Zagreb durch. Züge fahren nur unregelmäßig und mit Unterbrechungen.

Manchmal muß man über einen Berg zu Fuß laufen und kann erst auf der anderen Seite weiterfahren, weil die Strecke zerstört ist. Benešić zahlt dem Debütanten ein erstes Honorar. Crnjanski kann eine Weile in Zagreb bleiben, lernt Ivo Andrić kennen. Noch hofft er, in der neuen jugoslawischen Armee unterzukommen, um ein regelmäßiges Gehalt zu empfangen - doch ehemalige k.u.k. Offiziere sind nicht willkommen. Im Winter 1918/19 schlüpft Crnjanski bei seiner alten Mutter im Dorf Ilanča unter. Im Frühjahr geht er nach Belgrad, schreibt sich an der Universität ein und veröffentlicht, sechsundzwanzigjährig, bei dem Buchhändler S. B. Cvijanović sein Debüt *Lirika Itake.* Das Buch ruft Debatten hervor, es sprengt die traditionellen Formen serbischer Dichtung und karikiert die nationalen Themen.

> „Die neueste Kunst, vor allem die Lyrik, wird gewöhnlich wegen ihrer ‚Dunkelheit, Dekadenz, Unverständlichkeit' usw. angegriffen. - Darüber läßt sich nicht ohne Ironie sprechen. Die Mehrheit spricht uns ‚Neuesten', auch wenn wir politisch auf der Linken stehen, alle ‚nützlichen, populären, hygienischen' Verpflichtungen ab, die ihr Leute ohne Empfindung für die Kunst und randvoll mit soziologischer Selbstverliebtheit (sie haben bei uns eine gewisse Tradition) so häufig aufladen. Den Sozialismus z.B. verbreiten wir nicht in lyrischen Gedichten ... Daß aber die neueste Lyrik weder eine Albernheit noch dekadent ist, wird man dann sehen, wenn man den Einfluß der russischen Futuristen, der Décadence und ihrer ‚überfeinerten' Zeitschrift *Mir iskusstva* usw. in der russischen Revolution einmal herausbekommen hat ..."[14]

Crnjanski sieht sich selbst als Sozialist. Er beteiligt sich - eher lustlos - an etlichen Versammlungen der Linken, übernimmt die Redaktion der literarischen Zeitschrift *Dan.* Der führende Kritiker, Milan B. Bogdanović, bei dem Crnjanski auch Vorlesungen hört, freundet sich mit dem Stil des jungen Rebellen nicht an. Crnjanski verachte alles, was es bisher in der Poesie gegeben hat. Es bleibe nur eine Wüste, die kein Modernismus beleben könne. Crnjanski verkauft das Haus seines Vaters, quartiert seine Mutter in die Nachbarstadt um und zieht mit dem Erlös eine Zeit lang nach Paris.

[13] Miloš Crnjanski, KI, S. 90

[14] Miloš Crnjanski, Erläuterung zu „Sumatra", 1920

5

Baudelaire und Mallarmé, aber auch die klassische japanische und chinesische Lyrik üben auf Crnjanski einen rettenden Einfluß aus. Ihre Poetik erlaubt es ihm, der Übermacht des Realismus zu entkommen: angesichts des Totalschadens infolge des Krieges eine Möglichkeit, das Heil in imaginären Welten zu sehen. Dahinter verbirgt sich keine philosophische Abstraktion oder mystische Ausflucht. Der Krieg hat mit Giftgas und Verwesungsgestank eine unmittelbare psychedelische Wirkung ausgeübt, die deutliche Spuren in der frühen Kunst und Literatur des zwanzigsten Jahrhunderts hinterlassen hat. Der „Sumatraismus" ist die die literarische Richtung, die Crnjanski begründet, der er sich verschreibt.

> „... so benannt nach seinem Gedicht *Sumatra*, das als Chiffre für jene poetische Vision steht, die eine Welt der Kreativität und der schöpferischen Unruhe in ihrer individuellen Einheit will."[15]

Sie kennzeichnet vor allem seine Prosa, das *Tagebuch über Čarnojević*, und die wenigen Gedichte, die Crnjanski nach dem Erscheinen von *Ithaka* noch veröffentlicht.

> „His collection of poems The Lyrics of Ithaca (1919) caused great controversy. The return of the soldier (which Crnjanski was himself) from abroad to his homeland, compared to Odysseus' return to Ithaca, served as the general framework not only for his anti-war lyric poetry, but also for an unusually courageous, typically avantgarde denial of the canonised values (and myths) of the national culture. His violation of the poetic norm was also controversial. Thereafter, Crnjanski rhythmically changed Serbian verse: he repressed metre and lent a greater role to intonation and syntax. The rhythmically arranged sentence was carried over from verse to prose. Verse and prose, the lyric poem and the novel, were thus drawn close together."[16]

Crnjanskis Antikriegs-Lyrik ist durch ein subtiles Pathos gekennzeichnet, ein Pathos, dem der Utopienverlust durch den ersten Weltkrieg und der Genuß der Morbidität, der um die Zufälligkeit des Überlebens weiß, anzumerken ist. Die Form der Ithaka-Gedichte mag dem heutigen Leser traditionell erscheinen. Zur Zeit ihrer Veröffentlichung signalisieren sie den radikalen Bruch mit dem Überlieferten.

„Was aber Anfang des zweiten Jahrzehnts [des 20. Jahrhunderts] nur Andeutung (vor allem in den Zeitschriften *Bosanska vila* und *Brankovo kolo*) war, wurde Ende desselben, mit dem Erscheinen der radikalumstürzlerischen Verse Crnjanskis, vor allem in der Sammlung *Lirika Itake*, zu einem stürmerischen Bruch mit dem traditionellen Konzept des literarischen Schaffens."[17]

[15] Manfred Jähnichen, 2003, S. 15
[16] Novica Petkovic, 1995
[17] Gojko Tešić, 1991, S. 331

УНИВЕРЗИТЕТ

ФИЛОСОФСКИ ФАКУЛТЕТ

Број 3124.
16. октобра 1927.
у Београду.

Уверење

Кандидат Господин Милош Црњански

Група предмета XVI

А Упоредна Књижев. са Теоријом

Б Општа Историја

В Историја Уметности

Писмени испит из Упоредне Књижевности *полагао је:*

Тема: Десет писаца из светске књижевности. септембра 19..

Оцена: девет (9)

Писмени испит из Опште Историје *полагао је:*

Тема: Мухамед и ширење Ислама 13/V-1922

Оцена: шест (6)

На усменом испиту добио оцене:

из Упоредне Књижевности: девет (9)

из Опште Историје: седам (7)

из Историје Уметности: десет (10) јуна 1920.

Укупна оцена усменог испита 26

Према томе комисија констатује да је *кандидат испит* положио.

Декан
Философског факултета

[signature]

Универзитет Краљевине Срба, Хрвата и Словенаца, Београд

Ректор,

[signature]

Die Ithaka-Gedichte reißen den Leser aus der Gegenwart und laden ihn ein, in die Epoche der verflossenen Donaumonarchie einzutauchen und den Kontrast wahrzunehmen.

> „Die neueste Kunst, besonders die Lyrik, setzt bestimmte Fähigkeiten der Sensibilität voraus. Diejenigen, die nicht ohne die künstlerische Atmosphäre der Vorkriegszeit atmen können, nähern sich ihr natürlich vergeblich. Überall merkt man das; obwohl Tausende und aber Tausende an Leichen und Trümmern vorübergegangen sind, die Welt umfahren haben und zurückgekehrt sind, suchen sie Gedanken, Gesetze und Leben, einstige und unveränderte. Sie fordern die alte, vertraute Literatur, die bekannten, behaglichen Sensationen, die bereits erklärten Gedanken. Die Lyrik der ewigen, abgedroschenen Metaphern, jenes traute Rick-Zuck der Bilder, der Chrysanthemen, die so einfach und verständlich in den Sonntagsbeilagen geblüht haben ... Die Leute möchten auf keinen Fall das schreckliche Gewitter über unseren Köpfen hören, während unten nicht die politische Situation, nicht die literarischen Dogmen, sondern das Leben selbst bebt. Das sind die Toten, die die Hände ausstrecken. Für sie muß gezahlt werden. Wie eine Sekte bringen wir nach so langer Zeit, in der die Kunst Kurzweil bedeutete, Unruhe und Umsturz, im Wort, im Empfinden, im Denken."[18]

Dabei experimentiert Crnjanski nicht wie russische Avantgardisten, Chlebnikow, Majakowski oder der Serbe Marco Ristić in „La vie mobile" – Crnjanski löst die strengen Formen auf, um sich einer metrisch freieren, dennoch nicht völlig ungebundenen Form zu bedienen. Er läßt die Metrik der klassischen und neoklassischen Zeit hinter sich. Die Rhythmen zerfließen. Seine „Lieder" und „Liedchen" tragen zwar noch einen der Musik entlehnten Namen, aber es sind keine festen Wiederholungen erkennbar, der Name ist Provokation. Reime setzt Crnjanski beiläufig, mitunter erst in der nächsten Strophe. Häufig verzichtet er ganz auf dieses Erkennungszeichen traditioneller Lyrik.

> „Der freie Rhythmus ist der wahre lyrische Rhythmus, unmittelbar an eine Stimmung gekoppelt. Er ist der seismographisch exakte Rhythmus der Erschütterungen der Seele. In der Dichtung, wo Unmittelbarkeit die wertvollste Qualität darstellt, erhalten Worte und Ausdruck damit eine neue Farbe."[19]

Daher greift die vorliegende Übersetzung zwar an zahlreichen Stellen das Reimschema Crnjanskis auf. Vorrang genießt aber die Klarheit des Gedankens. Charakteristisch, ja programmatisch für Crnjanski ist der ständige Rückgriff auf diesselben, zentralen Begriffe: Lust und Scham, Blut und Heimat, Trostlosigkeit und Wahnsinn – daraus leitet sich immer wieder Crnjanskis Haltung zur Welt ab, sein resignatives Dogma nicht zu verstecken, gehört zur Botschaft.

[18] Miloš Crnjanski, Erläuterung zu „Sumatra", 1920
[19] Miloš Crnjanski, Über den freien Vers, 1922

Symbolisch ist in diesem Zusammenhang die Benennung der Farben zu verstehen[20]: *rot* (Aufbruch, Morgendämmerung, aber auch Blut und Tod), *weiß* (Unschuld) und *blau* (Sehnsucht, Fernweh) - zugleich die Nationalfarben etlicher Staaten. *Schwarz* taucht immer wieder als „Komplementärfarbe" zum Rot auf, es verkörpert die Trauer, die mit dem blutigen Aufbruch ins vermeintlich Neue einhergeht. In ähnlicher Weise spielt Crnjanski mit Konsonanten und Vokalen: bledi - bludi, stid i strah, slast - strast ... Er führt den Stabreim in die serbische Dichtung ein.

6

Der junge Crnjanski wählt als Mittel, um sich vom Krieg zu distanzieren, die Ironie: Er verspottet die phrasenhaft verbreiteten Mythen, einschließlich der serbischen Nationalembleme „Amselfeld", „König Dušan" usw. Er verspottet auch die Kriegstoten. Das Muster, das er wiederholt, ist die Übertreibung („Unser Gott ist das Blut", „Wir sind für den Tod"). Ohne den historischen Kontext des ersten Weltkrieges verliert diese Ironie ihren Witz, das Lachen bleibt im Halse stecken.

Die Gedichte Crnjanskis verdeutlichen in einer besonderen Weise, wie der Expressionismus, der Krieg und Kriegstreiberei verurteilt, zugleich durch die Wahl der stilistischen Mittel - vor allem der *realistischen* Übertreibung, die gar nicht übertrieben genug sein kann, um die katastrophalen Wirklichkeiten einzufangen - erneut Militarismus und Totalitarismus vorbereitet. Die Spaltung der expressionistischen Avantgarde in links- und rechtsgerichtete Intellektuelle ist ein europaweites Phänomen, man denke z.B. an Benn und Jünger. Neben der avantgardistischen Erfindung des „Sumatraismus" entdeckt man in den frühen Versen Crnjanskis - das heißt in den ersten drei Kapiteln des vorliegenden Bandes - männerbündische Äußerungen, Lobpreisungen von Kraft, Stärke und Tod.

> „... und ich bewundere den Tod. / Er scheint mir als einziger rein, / stolzes männliches Schicksal zu sein."[21]

Diese Zeilen sind ernst und unernst zugleich gemeint. Angesichts der unmittelbaren Kriegserlebnisse enthalten sie einen als wahr empfundenen Kern. Bereits in dieser Phase birgt die linke Avantgarde ihre Negation, den Rückschlag ins Reaktionäre, in sich.

Aus heutiger Sicht, mit dem Abstand von drei Generationen, ist ein Grund für die unverblümte Emotionalisierung der Debatte in der Kriegstraumatisierung zwischen 1914 und 1918 zu suchen. Die Expressionisten sind als junge Männer völlig unvorbereitet, unausgereift und verblendet in dieses „Abenteuer" geworfen worden, das sich rasch von einem Spiel um Leben und Tod in ein industriell inszeniertes Blutbad verwandelt. Diese jungen Männer sind

[20] vgl. Cornelia Marks, 2001
[21] Miloš Crnjanski, Ithaka: Mein Ravanica

gezwungen zu töten – oft bevor sie überhaupt einmal Liebe erfahren haben („Schon beim ersten Mal war die Liebe für mich nichts als Leid.") – und Feindbilder anzunehmen, mit denen sie sich bei nüchternem Verstand keineswegs identifizieren können. Symptome der Traumatisierung sind summarische Äußerungen Crnjanskis in den Ithaka-Gedichten: „Ich schäme mich zu leben", „Auf Leichen habe ich meine Jugend verbracht".

Gemeinsam ist der expressionistischen Avantgarde und der nationalsozialistischen Ideologie die radikale Ablehnung des bürgerlichen Gesellschaftsmodells, mithin der Demokratie, der Rechtsstaatlichkeit, des Föderalismus, der luxuriösen Dekadenz und der Liberalität hinsichtlich Presse-, Meinungs- und Versammlungsfreiheit. Die radikale, ja offen militante Verachtung bürgerlicher Tugenden verbindet die faschistische und die kommunistische Opposition. Es ist eine Ironie der Geschichte, daß sich ehemals avantgardistische Köpfe im polarisierten Klima der Zwischenkriegszeit heiß redeten, was als links oder rechts zu definieren sei, sich gleichzeitig aber die pragmatischen Unterschiede nivellierten. So kann der Nationalsozialismus in Bezug auf Teile seines politischen Programms und seine Ideologie (Verwendung von Symbolen, Liedern und Traditionen der Arbeiterbewegung) als linksextremistisch bezeichnet werden, während der real existierende Kriegskommunismus und der nachfolgende Stalinismus offen faschistische Züge trug. Bereits in den 1930er Jahren läßt Stalin die deutsch-sowjetische Freundschaft ausrufen. Gegen Trotzkis „permanente Revolution" und „Weltrevolution" richtet er die Formel vom „Sozialismus in einem Land" und nennt dieses Konstrukt „Nationalkommunismus". Nach dem zweiten Weltkrieg geht Stalin energisch gegen den Plan einer autonomen Konföderation vor, die Bulgarien, Rumänien, Jugoslawien, Albanien, Ungarn und Polen vereinen soll – eine ernste Konkurrenz zur Sowjetunion.[22]

7

Nicht nur für Arbeiter, die in ihrer Wählergunst oft unterschiedslos zwischen faschistischen und kommunistischen Parteien wechseln, ist es schwierig, klare Trennlinien zu erkennen. Zahlreiche Intellektuelle lassen sich in die aufgeheizte Situation verwickeln und treiben sie leidenschaftlich mit ihren „Ideen" an. Crnjanski ist ein Verfechter der südslawischen Einheit, die er in erster Linie kulturell und sprachlich gegeben sieht. Er stellt sich in den Dienst des Königreiches Jugoslawien, verhält sich skeptisch gegenüber den proletarischen Revolutionen und erblickt im eigenen Nationalstaat die Chance für eine kulturelle Höherentwicklung. Mitunter muß er von der Regierung in seinem patriotischen Eifer für Jugoslawien sogar gerügt werden.

> „Mein Patriotismus hatte manchmal die Form ererbten Schwachsinns ... Ich habe mit der bäuerlichen Einfachheit des Philosophierens die Überzeugung

[22] Wilfried Loth, FWG, 35, S. 241

erlangt, in meinem Leben unter türkischen Panduren und österreichischen mercenaires, daß die beste Medizin für alle Mißgeschicke unseres Volkes ein eigener Staat ist. Von dort erklärt sich mein Patriotismus von damals, wie eine Art des Wahnsinns."[23]

Im Verlauf der 1920er und 1930er Jahre vollzieht Crnjanski eine Wandlung vom poetischen Avantgardisten, der im Pazifismus des sumatraistischen Fernwehs eine Antwort auf die menschlichen und zivilisatorischen Katastrophen des ersten Weltkriegs erkennt, zum politischen Reaktionär. Als Frontberichterstatter des spanischen Bürgerkriegs in Francos Hauptquartier stationiert, feiert er dessen militärische Erfolge. Als Presseattaché in Nazideutschland lobt er Hitlers drakonische, zentralistische Innenpolitik als Vorbild für die serbischen Nationalisten. Er brüstet sich damit, dem Führer persönlich begegnet zu sein, ohne zu bemerken, daß diese Hingabe nicht zur Gegenliebe führt. Hitler und mit ihm die Mehrheit der Deutschen betrachtet die Slawen als minderwertig und bedroht ihre Existenz. Der späte Crnjanski verwirft den „jugendlichen" sumatraistischen Pazifismus als Schwäche.

8

Die deutschsprachige Literaturwelt hat die Metamorphosen Crnjanskis – immerhin einer der drei Säulenheiligen der südslawischen literarischen Moderne neben Andrić und Krleža – erst spät bemerkt.[24] Zum einen mag dies an der romantischen Verklärung des Dichters liegen, zu der er mit Hilfe der für ihn charakteristischen Poetisierung der Prosa selbst beigetragen hat. Darüberhinaus hat die ästhetisch geprägte Literaturwissenschaft Verbindungen zwischen dem literarischen Werk und der zunehmend rechtslastigen Publizistik Crnjanskis geleugnet – geleugnet wurden seine politische Äußerungen überhaupt. Dieser Versuch, sich den Spaß an der Literatur nicht durch unangenehme Verlautbarungen des Autors verderben zu lassen, korrespondiert mit der anhaltend selektiven Editionspolitik der großen Verlage. Möglicherweise verkauft sich expressionistische Lyrik mit pazifistischer Botschaft in den deutschsprachigen Ländern nicht mehr – was nicht nur ein Armutszeugnis für die Literaturszene wäre (davon gibt es mehr als genug, sie sind der Grund für sogenannte „literarische Entdeckungen"), sondern ein Alarmzeichen für die Demokratie. Damit die Metamorphose des Dichters vom Pazifisten zum Befürworter der Diktatur verstanden werden kann, muß das Frühwerk zumindest zugänglich sein. Für uns Grund genug, es hiermit vorzulegen.

[23] Miloš Crnjanski, KI, S. 70 und S. 101
[24] Miro Mašek, 2004

9
Dabei überrascht bei allem Pathos die Aktualität der Ithaka-Gedichte. Beinahe könnte man meinen, sie wären Teil einer sich selbst erfüllenden Prophezeihung. Jedes Balkanvolk hat auf seine Weise jahrhundertelang Anpassung und Widerstand in fremdbestimmten Herrschaftsformen eingeübt. Die Okkupation durch die Wiener k.u.k. Monarchie bedeutete Diskriminierung mit teilweise subtilen Ausgrenzungsmechanismen, teilweise nackter militärischer Gewalt. Die Osmanen regierten in ihren Gebieten despotisch mit türkischen Süßigkeiten und der Sharia.

Den Jugoslawen ist über lange Zeit die Erfahrung einer rechtmäßigen Loyalität verwehrt geblieben. Widerstand zeugt Märtyrer, Staatsbürgerlichkeit Verräter. Nach dem Ende der Fremdherrschaft um 1910 richtet sich die eingeübte Opposition gegen die eigenen Regierungen. Jede Gruppe glaubt, den besten Weg in die Zukunft zu kennen und gleichzeitig am meisten von den anderen benachteiligt zu werden. Die Konkurrenz untereinander, letztentschieden durch religiöse Bekenntnisse statt durch Sachgründe, hetzt die Kämpen gegeneinander auf. Die neuen Kriege am Ende des 20. Jahrhunderts setzen nahtlos fort, was am Ende des ersten Weltkriegs mit der Ausrufung des Königreichs Jugoslawien in ein labiles Gleichgewicht gekommen ist. Der unmittelbare Reflex auf den Krieg, der sich in den Ithaka-Versen voller Absurdität widerspiegelt, hat leider seine Geltung bewahrt.

Vermutlich müßte zuerst der Vatikan seinen Alleinvertretungsanspruch als einzige christliche Kirche zurücknehmen, müßte die Orthodoxie den Katholizismus und den Monophysitismus anerkennen und müßte schließlich der Islam zugeben, daß jeglicher Monotheismus ein Wunschtraum und Anthropomorphismus ist und es eine Reinheit in theologischen Fragen nicht geben kann – dann hätte auch die staatliche Einheit der südslawischen Völker eine Chance.

Zur Übersetzung:

Diese Übersetzung entstand in einem Zeitraum von sieben Jahren. Zunächst hatte ich Gelegenheit, die Nachdichtung einiger Texte aus dem Abschnitt „Priviđenia“ des vorliegenden Bandes kennenzulernen, die Cornelia Marks ihrer Magisterarbeit zugrunde gelegt hat. Es handelt sich hier – mit Ausnahme von *Epilog* – um die schillernden sumatraistischen Gedichte aus den 1920er Jahren. In einem zweiten Schritt näherte ich mich den Ithaka-Texten mit Hilfe einer Übersetzung ins Französische von Vladimir André Čejović & Anne Renoue – damit wurde zwar die Bildwelt Crnjanskis klarer, aber ich stolperte über eine Reihe von Ungenauigkeiten und Übersetzungsfehlern, die sich beim Übertragen von Lyrik nahezu zwangsläufig ergeben. In einem dritten Schritt hat der serbische Dichter Stevan Tontić (Sarajevo) gemeinsam mit mir eine Interlinear-Fassung der Texte im Deutschen erarbeitet, die als Grundlage für die vorliegende Nachdichtung diente. Das Bemühen um eine formale Ähnlichkeit zwischen dem serbischen Original und der deutschen Version mußte schließlich in ein Gleichgewicht mit den Botschaften und Inhalten Crnjanskis Dichtung gebracht werden. Daher habe ich in einem vierten Schritt manche „Kompromisse", um Reim oder Aliteration herzustellen, zugunsten des Gedankens wieder zurückgenommen.

Viktor Kalinke
Zelenika bei Herceg Novi, Juli 2007
Leipzig, November 2007

Erklärungen

Ivo Andrić (1892–1975), geb. in Travnik, Kindheit in Višegrad und Sarajevo, Studium in Zagreb, Graz und Krakau, Mitglied der Widerstandsorganistion *Mlada Bosna* (Junges Bosnien) und Befürworter der jugoslawischen politischen Einheit, nach dem Attentat 1914 in Sarajevo (an dem er nicht teilnahm) drei Jahre Haft und Verbannung, zwischen den Weltkriegen Diplomat in mehreren europäischen Landern (1939–1941 in Berlin), während des Krieges in Belgrad unter deutscher Okkupation, wo er seine großen Romane schrieb (u.a. *Die Brücke über die Drina*), 1961 Literatur-Nobelpreis. Andrić und Crnjanski waren lebenslang befreundet, Crnjanski begrüßte enthusiastisch sein erstes Werk *Ex ponto* (Zagreb 1918).

Bačka: nordwestlicher Teil der Vojvodina

Balša: serbisch-montenegrinische Königsdynastie vom 11. bis 15. Jahrhundert

Bartulović, Niko (1890-1943): kroatischer Autor, heute nahezu vergessen, schrieb zwei Romane, Theaterstücke, zahlreiche Erzählungen, das Vorwort zu Ivo Andrićs *Ex ponto*, Verfechter der jugoslawischen Monarchie, sympathisierte mit den Četniks

Branko: gemeint ist Branko Radičević (1824–1853), serbischer romantischer Dichter, der jung an Tuberkolose starb und in den Fruškaer Bergen begraben liegt

Briseis (griech.: Βρισηίς): eine Figur aus der Ilias von Homer, die Tochter des Briseus, Lieblingssklavin von Achilles, Agamemnon nahm sie ihm weg, woraufhin Achilles die griechischen Heere vor Troja verließ. Um Griechenland nicht zu schwächen, gab Agamemon sie an Achilles zurück. Ovid erdichtete Liebesbriefe der Briseis an Achilles.

Ćurčin, Milan (1886 - 1960): Dichter und Übersetzer, übersetzte u.a. *Zarathustra* ins Serbische, Herausgeber der Zeitschrift *Europa*

Dušan: auch Stefan Uroš IV. Dušan der Starke genannt, Kaiser von Serbien von 1331 bis 1355, gründete die serbische Nationalkirche, eroberte Makedonien, Albanien und Bosnien sowie einen Großteil Griechenlands, war Schutzherr von Belgrad und Dubrovnik (Ragusa), unterwarf Bulgarien und nahm den Zarentitel an, er ließ das erste umfassende serbische Gesetzbuch ausarbeiten, eine der ältesten Verfassungen überhaupt

Fruškaer Berge (Fruška Gora): Mittelgebirge am rechten Ufer der Donau südlich von Novi Sad in der serbischen Provinz Vojvodina, überwiegend von Mischwald, insbesondere Linden, bedeckt

Gavrilo Princip: serbischer Attentäter auf Kronprinz Ferdinand und seine Frau in Sarajevo 1914, Mitglied der Widerstandsgruppe *Mlada Bosna*

Gračanica: berühmtes serbisches Kloster im Kosovo

Kalemegdan: Belgrader Zitadelle, oberhalb der Mündung von Donau und Save, heute von einem Park umgeben

Kostić, Laza (1844–1910): romantischer serbischer Dichter, Andeuter und Vorreiter der serbischen Moderne. Hat sich auch als Dramatiker und als Shakespeare-Nachdichter hervorgetan, sein Gedicht *Santa Maria della Salute* aus dem Jahre 1909 gilt für viele Kenner überhaupt als das gelungenste serbische Gedicht des 20. Jahrhunderts (s. Anthologie *Das Lied öffnet die Berge*, hg. von M. Jähnichen).

Krleža, Miroslav (1893–1981): kroatischer Dichter, gehörte nach dem ersten Weltkrieg zur literarischen Avantgarde Jugoslawiens, gründete die Literaturzeitschriften *Plamen (Flamme), Književna republika (Die Literaturrepublik), Danas (Heute,* zusammen mit Milan Bogdanović), *Pečat (Das Siegel) und Republika*, 1918-1939 Mitglied des Bundes der Kommunisten, kämpfte nicht als Partisan, sondern versteckte sich während des 2. Weltkrieges in einer psychiatrischen Klinik, seit 1947 Mitglied der Jugoslawischen Akademie in Zagreb und deren langjähriger Vizepräsident

Lovćen: zweithöchster, heiliger Berg Montenegros, Grabstätte des Dichterfürsten Njegoš

Miloš und Marko (Marko Kraljević, Miloš Obilić): listige Helden in der Schlacht auf dem Amselfeld, Obilić hat sich in ein türkisches Gewand verkleidet und den Sultan aufgeschlitzt; beide werden in serbischen Volksliedern besungen

Njegoš, Petar II. Petrović (1813 - 1851): wichtigster serbischer Dichter, zugleich Fürst und orthodoxer Bischof in Montenegro, über zwei Meter groß. (Einst besuchte ihn der russische Zar, der staunte: Sie sind ja größer als ich, Njegoš erwiderte: Nur Gott ist größer als der russische Zar...), Reise nach Italien, jung gestorben, Epen: *Der Bergkranz, Das Licht des Mikrokosmos*

Nikola I. Petrović Njegoš (1841 - 1921): montenegrinischer König zwischen 1910 und 1916

Neretva: Fluß in der Hercegowina, der in die Adria mündet, bekannt für seine türkise Farbe

Ravanica: berühmtes serbisches Kloster aus dem 14. Jahrhundert, östlich von Paracin, Vorbild für zahlreiche spätere Bauten

Riva degli Schiavoni: berühmte Promenade in Venedig, schavioni hießen die slawischen Einwanderer in der Republik Venedig, in der Mehrzahl kroatische Handwerker

Anica Savić-Rebac: serbische Dichterin und Philosophin, Graezistin, u.a. Briefwechsel mit Thomas Mann, Suizid

Slava: orthodoxes Fest zu Ehren des Schutzheiligen der Familie

Syrmien: südlicher Teil der nordserbischen Provinz Vojvodina, zwischen Save und Donau

Stražilovo: Berg in der Nähe von Sremski Karlovci, südöstlich von Novi Sad, Teil der Fruškaer Berge, im Laufe der Geschichte unter serbischer, ungarischer, osmanischer, österreichischer und kroatischer Herrschaft, letzte Ruhestätte des Dichters Branko Radičević

Šar-Gebirge: zwischen dem Kosovo und Mazedonien

Takovo: 1804 brach in diesem Ort der serbische Aufstand gegen die Türken aus

Thalatta, Thalatta! - das Meer, das Meer!, Ausruf der griechischen Söldner, die vor Babylon eine Niederlage erlitten und ans Schwarze Meer flüchteten, aus *Anabasis* von Xenophon (426–355 v.Chr.), vgl. Heinrich Heine: *Buch der Lieder, Die Nordsee*, Zweiter Zyklus

Vidovdan: 28. Juni, Tag der historischen Niederlage der serbischen Truppen gegen das osmanische Heer auf dem Amselfeld, Sankt-Veits-Tag, urslawischer heidnischer Feiertag, Jahrestag der Kosovoschlacht, Tag des Attentats auf Prinz Ferdinand, Tag der Auslieferung von Slobodan Milošević an Den Haag

Zmaj, Jovan Jovanović (1833–1904): romantischer serbischer Dichter, auch für Kinder, sehr beliebt bis heute, lebte als Arzt in Novi Sad

Abbildungen

Literatur

Ina Jun Broda, Beschwingter Stein. Gedichte zeitgenössischer Dichter aus Jugoslawien, Wien 1976, S. 100-101

Dagmar Burkhart, Miloš Crnjanskis Sumatra: Poetologisches Programm und Weltmodell in „Devnik o Čarnojeviću“, in: Ulrike Jekutsch & Ulrich Steltner (Hg.), Slavica litteraturia, Wiesbaden: Harrassowitz, 2002, 209-225

Miloš Crnjanski, Лирика итаке, Beograd: С. Б. Цвијановић, 1919

Miloš Crnjanski, Лирика итаке, hg. von Gojko Tešić, Beograd: Издавачка Агенција »Драгани «, 1994

Miloš Crnjanski, Ithaque, trad. par Vladimir André Čejović & Anne Renoue, Lausanne: Édition L'Age d'Homme 1999

Miloš Crnjanski, Erläuterung zu „Sumatra“, in: Srpski knježevni glasnik, 1920, Nr. 4, übersetzt von Holger Siegel 1991

Miloš Crnjanski, Tagebuch über Čarnojević, Frankfurt: Suhrkamp 1993 (Originalausgabe 1921)

Miloš Crnjanski, Über den freien Vers, o.O., 1922

Miloš Crnjanski, Kommentare zu *Ithaka* (KI), aus dem Serbischen von Peter Urban, Frankfurt: Suhrkamp 1967 (Originalausgabe 1959)

Manfred Jähnichen (Hg.), Das Lied öffnet die Berge, Blieskastel: Gollenstein Verlag, 2004

Wilfried Loth, Fischers Weltgeschichte (FWG), Band 35, 21. Auflage, Frankfurt am Main: Fischer Taschenbuch Verlag, 1998

Cornelia Marks, Von *Sumatra* bis *Lamento über Belgrad*: zu den poetischen Visionen des Serben Miloš Crnjanski“, unveröffentlichte Magisterarbeit, Martin-Luther-Universität Halle, 2001

Miro Mašek, Nation und Narration im literarischen Werk Miloš Crnjanskis, Frankfurt: Peter Lang 2004

Wolfgang J. Mommsen, Fischers Weltgeschichte (FWG), Band 28, 21. Auflage, Frankfurt am Main: Fischer Taschenbuch Verlag, 1998

Novica Petkovic, The History Of Serbian Culture, Edgware (Middlesex): Porthill Publishers 1995

Holger Siegel, In unseren Seelen flattern schwarze Fahnen. Serbische Avantgarde 1918-1939, Leipzig: Reclam 1991

Gojko Tešić, Srpska avangarda u polemičkom kontekstu, Novi Sad: Svetovi & Beograd: Institut za književnost i umetnost 1991

Ludwig Wittgenstein, Geheime Tagebücher, hg. von Wilhelm Baum, Wien: Turia & Kant 1992

Inhalt

Bella Achmadulina, Viele Hunde und der Hund. Aus dem Russischen von Erich Ahrndt

Anna Achmatowa, Unsrer Nichtbegegnung denkend. Aus dem Russischen von Erich Ahrndt

Gennadij Ajgi, Immer anders auf die Erde. Aus dem Russischen von Walter Thümler

Leonid Aronson, Innenfläche der Hand. Aus dem Russischen von Gisela Schulte & Marina Bordne

Alhierd Bacharevič, Die Elster auf dem Galgen. Aus dem Weißrussischen von Thomas Weiler

Murat Baltić, Westliche Wasser. Aus dem Bosnischen von Barbara Nollmann, Roman

Jana Beňová, Parker. Aus dem Slowakischen von Andrea Reynolds

Sergej Birjukov, Jaja Dada oder Die Abschaffung des Artikels

Nina Chabias, Guttapercha des gänsehäutigen Gehänges. Aus dem Russischen von Henrike Schmidt

Beso Chwedelidze, Der Geschmack von Asche, Erzählungen. Aus dem Georgischen von Anastasia und Luka Kamarauli

Velibor Čolić, Bei Alberto. Aus dem Kroatischen von Alida Bremer

Miloš Crnjanski, Iris Berlina. Aus dem Serbischen von Mirjana und Klaus Wittmann

Miloš Crnjanski, Ithaka. Aus dem Serbischen von Viktor Kalinke & Stevan Tontić

Miloš Crnjanski, Bei den Hyperboreern. Aus dem Serbischen von Elvira Veselinović

Ivan Dodovski, Der große Koffer. Erzählungen, Aus dem Mazedonischen von Will Firth

Peter Gehrisch (Hg.), Das reicht für eine Irrfahrt durch Polen. Anthologie

Gintaras Grajauskas, Knochenflöte. Aus dem Litauischen von Mala Vikaite & Viktor Kalinke

Hadžem Hajdarević, Land, das es nicht gibt. Aus dem Bosnischen von Astrid Philippsen & Cornelia Marks

Mila Haugová, Körperarchive. Aus dem Slowakischen von Slavká Porubská

Robert Hodel (Hg.), Hundert Gramm Seele. Serbische Anthologie

Robert Hodel (Hg.), Vor dem Fenster unten sind Volk und Macht. Russische Anthologie

Franz Hodjak, Was wäre schon ein Unglück ohne Worte, Aphorismen

Sergej Jessenin, Der Winter singt – es ist ein Schreien. Aus dem Russischen von Erich Ahrndt

Laurynas Katkus, Tauchstunden. Aus dem Litauischen von Mala Vikaite & Viktor Kalinke

Laurynas Katkus, Moskauer Pelmeni. Aus dem Litauischen von Claudia Sinnig

Zilhad Ključanin, Wasserhochzeit. Aus dem Bosnischen von Astrid Philippsen

Urszula Kozioł, Bittgesuche. Aus dem Polnischen von Peter Gehrisch
Herkus Kunčius, Ornament, Roman. Aus dem Litauischen von Mala Vikaite
Wjatscheslaw Kuprijanow, Im Geheimzentrum, Erzählungen. Aus dem Russischen von Peter Steger
Radmila Lazić, Das Herz zwischen den Zähnen. Aus dem Serbischen von Mirjana & Klaus Wittmann
Desanka Maksimović, Ich bitte um Erbarmen. Lyrische Diskussionen mit dem Gesetzbuch des Zaren Dušan. Aus dem Serbischen von Wolfgang Eschker
Dragoslav Mihailović, Wie ein Fleck zurückblieb. Aus dem Serbischen von Robert Hodel
Milan Mladenović, Kind aus dem Wasser. Aus dem Serbischen von Elvira Veselinović
Momčilo Nastasijević, Sind Flügel wohl ... Aus dem Serbischen von Robert Hodel
Cyprian Kamil Norwid, Über die Freiheit des Wortes. Poem. Aus dem Polnischen von Peter Gehrisch
Cyprian Kamil Norwid, Vade-mecum. Aus dem Polnischen von Peter Gehrisch
Miodrag Pavlović, Ich habe das Licht gefragt. Aus dem Serbischen von Peter Urban
Jordan Plevneš, Das Achte Weltwunder. Roman. Aus dem Mazedonischen von Will Firth
Angelina Polonskaja, Schwärzer als Weiß. Aus dem Russischen von Erich Ahrndt
Milorad Popović, Scheidewege. Aus dem Montenegrinischen von Cornelia Marks
Kočo Racin, Weiße Dämmerungen
Elin Rachnev, Zimt. Aus dem Bulgarischen von Henrike Schmidt
Sonia Ristić, Gewitter, Roman. Aus dem Französischen von Mandana Mansouri
Bahrom Ro'zimuhammad, Ich habe mein Selbst vergessen. Aus dem Usbekischen von Jakob Taube
Sylvia Sasse & Gianna Frölicher (Hg.): Gerichtstheater: Gericht über eine Kurpfuscherin (1925), Gericht über Gott (1924), Gericht über einen Bücherschänder (1932)
Krzysztof Siwczyk, Im Reich der Mitte, Gedichte. Aus dem Polnischen von Andre Rudolph
Marek Śnieciński, Andere Obsessionen, Erzählungen. Aus dem Polnischen von Bettina Eberspächer
Mile Stojić, Cherubs Schwert. Aus dem Kroatischen von Cornelia Marks
Wojciech Izaak Strugała, Phantasmagorien, Gedichte. Aus dem Polnischen von Peter Gehrisch
Slobodan Tišma, Das Bernardi-Zimmer. Aus dem Serbischen von Elvira Veselinović

Dana Todorović, Das tragische Schicksal des Moritz Tóth. Aus dem Serbischen von Elvira Veselinović
Boško Tomašević, Früchte der Heimsuchung. Aus dem Serbischen von Helmut Weinberger
Stevan Tontić, Handschrift aus Sarajevo. Aus dem Serbischen von Sabine Fahl u.a.
Verica Tričković, Als rettete mich das Wort
Im Steinwald
Marina Trumić, Zwischen Warschau und Sarajevo, Gedichte. Aus dem Bosnischen von Cornelia Marks
Bożena Umińska-Keff, Ein Stück über Mutter und Vaterland. Aus dem Polnischen von Michael Zgodzay
Marina Zwetajewa, Mit diesem Unmaß im Maß der Welt. Aus dem Russischen von Erich Ahrndt
Jovan Zivlak, Winterbericht, Gedichte

älteste dichtung und prosa **www.leipzigerliteraturverlag.de**

Juan de la Cruz, Dunkle Nacht. Mit Radierungen von Michael Triegel
Eleonora Gehrisch, Tituli Lyciae conscripti ex de centum annīs – Die lykischen Inschriften im Spiegel ihrer Sprache
Große Hymne an die Erde. 63 Verse des Atharvaveda mit Radiergummidrucken von Christiane Franke
Hammurabi, Die Gesetze, übersetzt von Hugo Winckler
Viktor Kalinke, Studien zu Laozi · Daodejing
Band 1: Text und Übersetzung
Band 2: Anmerkungen und Kommentare
Band 3: Nichtstun als Handlungsmaxime, Essay
Laozi, Daodejing, Taschenbuchausgabe
Klaus Mylius, Älteste indische Dichtung und Prosa, 3. durchgesehene Auflage
Klaus Oehmichen (Hg.). Es wandern die Zeiten unter dem ewigen Himmel. Eine Perlenkette mongolischer Dichtung
Shakespeare, Sonette. Aus dem Englischen von Jan Weinert
Zhuangzi: Der Gesamttext, chinesisch - deutsch, hg. von Viktor Kalinke

01 Viktor Kalinke, Indianer im karierten Hemd
02 Tomaš Escher, Linie 72
03 Viktor Kalinke & Caroline Thiele, El Gancho bravo
04 Katja Langer & Viktor Kalinke, liberi terrestris
05 Viktor Kalinke, Die Kunst : den Ort zu finden
06 Anna H. Frauendorf, anKIRYLna
07 Jens Rosch, Jokhang-Kreisel
08 Viktor Kalinke, Herbst auf Sumatra
09 Laurynas Katkus, Tauchstunden
10 Gintaras Grajauskas, Knochenflöte
11 Viktor Kalinke, Wie ich Amerika entdeckte
12 Sergej Birjukov, Jaja Dada
13 Wojciech Izaak Strugała, Phantasmagorien
14 Pentti Saarikoski, Tiarnia
15 Silvio Pfeuffer, Tausend Sonnen sind eine vermisste Million
16 Uwe Nösner, Die gekreuzigte Zeit
17 Mila Haugová, Körperarchive
18 Peter Gehrisch, Tunnelgänge
19 Billy Collins, Schnee schaufeln mit Buddha
20 Guillaume Apollinaire, Bestiarium
21 Krzysztof Siwczyk, Im Reich der Mitte
22 Charles Wright, Worte sind die Verringerung der Dinge
23 Urszula Kozioł, Bittgesuche
24 Nina Chabias, Guttapercha des gänsehäutigen Gehänges
25 Miloš Crnjanski, Ithaka
26 Bärbel Klässner, Der zugang ist gelegt
27 Yvette K. Centeno, erdnah
28 Shakespeare, Sonette
29 Jean-Michel Maulpoix, Eine Geschichte vom Blau
30 Leonid Aronson, Innenfläche der Hand
31 Carsten Zimmermann, licht etc.
32 Gennadij Ajgi, Immer anders auf die Erde
33 Axel Helbig & Ulf Großmann (Hg.), Skeptische Zärtlichkeit
34 Dieter Krause, Farbkammern
35 Hadžem Hajdarević, Land, das es nicht gibt
36 Jens Rosch, Goðan Daginn
37 Charles Kenneth Williams, Von nun an
38 Sergej Jessenin, Der Winter singt – es ist ein Schreien
39 Peter Gehrisch (Hg.), Das reicht für eine Irrfahrt durch Polen
40 Miodrag Pavlović, Mißhelligkeiten
41 Walter Thümler, Ist jemand da
42 Verica Tričković, Als rettete mich das Wort
43 Radmila Lasić, Das Herz zwischen den Zähnen
44 Robert Hodel (Hg.), Hundert Gramm Seele
45 James Laughlin, Dylan schrieb Gedichte

46 Boško Tomašević, Früchte der Heimsuchung
47 Esther Mohnweg, Zuerst versinkt der Horizont
48 Jean-Michel Maulpoix, Schritte im Schnee
49 Cyprian Kamil Norwid, Über die Freiheit des Wortes
50 Marina Zwetajewa, Mit diesem Unmaß im Maß der Welt
51 Viktor Kalinke, Welcher König hat hier gehaust
52 Mile Stojić, Cherubs Schwert
53 Martin Jankowski, Sekundenbuch
54 Milan Mladenović, Kind aus dem Wasser
55 Anna Achmatowa, Unsrer Nichtbegegnung denkend
56 Elin Rachnev, Zimt
57 Walter Thümler, Was daraus wird
58 Bahrom Ro'zimuhammad, Ich habe mein Selbst vergessen
59 Momčilo Nastasijević, Sind Flügel wohl ...
60 Brigitte Rath & Slávka Rude-Porubská (Hg.), Verreisen in Versen
61 Charles Reznikoff, Holocaust
62 Konstantin Hanack & Annegret Pannier, Halbjahresversuch
63 Jovan Zivlak, Winterbericht
64 Marina Trumić, Zwischen Warschau und Sarajevo
65 Bella Achmadulina, Viele Hunde und der Hund
66 Klaus Oemichen (Hg.), Es wandern die Zeiten
67 César Leal, Der Triumph der Wasser
68 Katja Winkler, Die besten Jahre
69 Peter Gehrisch, Der glimmende Ring meiner Lichtwissenschaft
70 Angelina Polonskaja, Schwärzer als Weiß
71 Robert Hodel (Hg.), Vor dem Fenster unten sind Volk und Macht
72 Martin Jankowski, sasakananas. Indonesien Material
73 Desanka Maksimović, Ich bitte um Erbarmen
74 Verica Tričković, Im Steinwald
75 Víctor Rodríguez Núñez, Mit einem seltsamen Geruch nach Welt
76 Granaz Moussavi, Gesänge einer verbotenen Frau
77 Mayjia Gille, SEIT TAGEN WARTE ICH IN DEN SAROTTIHÖFEN
78 Walter Thümler, Immer geschieht etwas
79 Milan Hrabal, Eine schimmernde Wabe Glimmer
80 Myron Hurna, Erlkönigs Erlösung
81 Milorad Popović, Scheidewege
82 Cyprian Kamil Norwid, Vade-mecum
83 Gregor Mirwa, Eine Sekunde vor dem Erwachen
84 William S. Merwin, Der Schatten des Sirius
85 udo kawasser, das moll in den mollusken
86 Yvette K. Centeno, Herbstspiegel
87 Luís Filipe Castro Mendes, Fremde Nähe
88 Jean-Michel Maulpoix, Die rote Schwalbe
89 Robert Hodel (Hg.) Sie ging durch Russland...
90 Max Temmerman, Die Geduld der Gärten

Bibliographische Information: Die Deutsche Bibliothek
Die Deutsche Bibliothek verzeichnet dieses Buch in der deutschen Nationalbibliographie, detaillierte Angaben sind auf http://dnb.ddb.de erhältlich

ISBN 978-3-86660-053-9

Zur Förderung einer vielfältigen Literaturszene unterstützen wir:

Lektorat: Stevan Tontić, Cornelia Marks, Silke Brohm.
1. Auflage, 4. Druck 2019, printed in the European Union.

Unser gesamtes lieferbares Programm und viele weitere Informationen finden Sie auf **http://www.leipzigerliteraturverlag.de**